Mit Erotik Geld verdienen

MARINA GOLDBACH

INHALTSVERZEICHNIS

1
Einführung in die Erotikbranche

1.1 Die Bedeutung von Erotik in der Gesellschaft

Die Erotik hat seit jeher eine zentrale Rolle in der menschlichen Kultur und Gesellschaft gespielt. Sie ist nicht nur ein Ausdruck von Intimität und Leidenschaft, sondern auch ein Spiegelbild gesellschaftlicher Normen, Werte und Veränderungen. In einer Zeit, in der die Digitalisierung alle Lebensbereiche durchdringt, gewinnt die Erotikbranche zunehmend an Bedeutung und Einfluss.

Ein wesentlicher Aspekt der Erotik in der Gesellschaft ist ihre Fähigkeit, Tabus zu brechen und Diskussionen über Sexualität zu fördern. In vielen Kulturen war das Thema Sexualität lange Zeit mit Scham und Stigmatisierung behaftet. Doch durch die Öffnung des Diskurses über erotische Themen wird es möglich, gesunde Einstellungen zur Sexualität zu entwickeln. Dies trägt dazu bei, Vorurteile abzubauen und das Bewusstsein für sexuelle Gesundheit zu schärfen.

Darüber hinaus spielt die Erotikbranche eine bedeutende wirtschaftliche Rolle. Sie schafft Arbeitsplätze und fördert Innovationen in verschiedenen Bereichen wie Technologie, Kunst und Medien. Die Entwicklung von Plattformen für erotische Inhalte hat neue Geschäftsmodelle hervorgebracht, die sowohl Kreativen als auch Unternehmern neue Einkommensquellen bieten. Diese wirtschaftliche Dimension zeigt auf, dass Erotik nicht nur ein privates Vergnügen ist, sondern auch einen erheblichen Einfluss auf die Wirtschaft hat.

Ein weiterer wichtiger Punkt ist die Diversität innerhalb der Erotikbranche. Sie bietet Raum für verschiedene sexuelle Orientierungen und Identitäten, was zur Sichtbarkeit marginalisierter Gruppen beiträgt. Durch diese Vielfalt wird das Verständnis für unterschiedliche Lebensweisen gefördert und es entsteht ein inklusiverer Raum für den Austausch über Sexualität.

Zusammenfassend lässt sich sagen, dass die Bedeutung von Erotik in der Gesellschaft weit über den bloßen Akt hinausgeht. Sie beeinflusst kulturelle Normen, fördert wirtschaftliches Wachstum und trägt zur sozialen Akzeptanz bei. In einer Welt im Wandel bleibt sie ein dynamisches Feld voller Möglichkeiten für persönliche Entfaltung sowie gesellschaftliche Entwicklungen.

1.2 Chancen und Herausforderungen

Die Erotikbranche steht an der Schnittstelle zwischen gesellschaftlichem Wandel und technologischen Innovationen, was sowohl Chancen als auch Herausforderungen mit sich bringt. In einer zunehmend digitalisierten Welt eröffnen sich neue Möglichkeiten für kreative Ausdrucksformen und Geschäftsmodelle, während gleichzeitig bestehende Normen und rechtliche Rahmenbedingungen hinterfragt werden müssen.

Eine der größten Chancen in der Erotikbranche ist die Möglichkeit zur Diversifizierung von Inhalten und Zielgruppen. Die wachsende Akzeptanz von verschiedenen sexuellen Orientierungen und Identitäten hat dazu geführt, dass Nischenmärkte entstehen, die zuvor vernachlässigt wurden. Unternehmen können durch maßgeschneiderte Angebote spezifische Bedürfnisse bedienen, was nicht nur zu einer höheren Kundenzufriedenheit führt, sondern auch das wirtschaftliche Potenzial erhöht.

Technologische Fortschritte spielen ebenfalls eine entscheidende Rolle. Die Entwicklung von Virtual Reality (VR) und Augmented Reality (AR) eröffnet neue Dimensionen des erotischen Erlebens. Diese Technologien ermöglichen es Nutzern, immersive Erfahrungen zu machen, die über traditionelle Medien hinausgehen. Gleichzeitig bieten Plattformen für benutzergenerierte Inhalte wie soziale Netzwerke oder Streaming-Dienste neue Wege für Kreative, ihre Arbeiten zu monetarisieren.

- **Regulatorische Hürden:** Unterschiedliche Gesetze in verschiedenen Ländern können den internationalen Handel erschweren.
- **Stigmatisierung:** Negative gesellschaftliche Einstellungen gegenüber erotischen Inhalten können das Wachstum behindern.
- **Sicherheit:** Der Schutz von Nutzerdaten ist besonders wichtig in einem Bereich, der oft sensibel ist.

Zusammenfassend lässt sich sagen, dass die Erotikbranche ein dynamisches Feld ist, das sowohl vielversprechende Chancen als auch komplexe Herausforderungen bietet. Um erfolgreich zu sein, müssen Akteure flexibel bleiben und innovative Ansätze entwickeln, um sich an die ständig wechselnden Bedingungen anzupassen.

1.3 Zielgruppenanalyse

Die Zielgruppenanalyse ist ein entscheidender Bestandteil der Strategieentwicklung in der Erotikbranche. Sie ermöglicht es Unternehmen, ihre Angebote gezielt auf die Bedürfnisse und Wünsche spezifischer Kundengruppen auszurichten. In einer Branche, die von Vielfalt und Individualität geprägt ist, ist das Verständnis der unterschiedlichen Zielgruppen unerlässlich für den Erfolg.

Ein zentraler Aspekt der Zielgruppenanalyse besteht darin, demografische Merkmale wie Alter, Geschlecht, sexuelle Orientierung und geografische Lage zu berücksichtigen. Diese Faktoren beeinflussen nicht nur die Art der konsumierten Inhalte, sondern auch die bevorzugten Plattformen und Zahlungsmethoden. Beispielsweise zeigen Studien, dass jüngere Generationen eher geneigt sind, digitale Inhalte über Streaming-Dienste zu konsumieren, während ältere Zielgruppen möglicherweise traditionellere Medienformate bevorzugen.

Darüber hinaus spielt das psychografische Profil eine wesentliche Rolle. Hierbei werden Einstellungen, Werte und Lebensstile analysiert. Die Akzeptanz von erotischen Inhalten variiert stark zwischen verschiedenen Kulturen und sozialen Gruppen. Unternehmen müssen daher sensibel auf kulturelle Unterschiede reagieren und ihre Marketingstrategien entsprechend anpassen. Ein Beispiel hierfür wäre die Entwicklung von Inhalten für LGBTQ+-Gemeinschaften oder für Menschen mit besonderen Vorlieben oder Fetischen.

Ein weiterer wichtiger Punkt ist die Nutzung von Datenanalysen zur Identifizierung von Trends innerhalb der Zielgruppe. Durch den Einsatz moderner Analysetools können Unternehmen wertvolle Einblicke in das Nutzerverhalten gewinnen. Diese Informationen helfen nicht nur bei der Produktentwicklung, sondern auch bei der Optimierung von Werbemaßnahmen und Kundenansprache.

Zusammenfassend lässt sich sagen, dass eine fundierte Zielgruppenanalyse nicht nur dazu beiträgt, Produkte besser zu positionieren, sondern auch langfristige Kundenbeziehungen aufzubauen. Indem Unternehmen die Bedürfnisse ihrer Zielgruppen verstehen und darauf eingehen, können sie sich im wettbewerbsintensiven Markt der Erotikbranche erfolgreich behaupten.

2
Aktuelle Trends in der Erotikbranche

2.1 Konsumverhalten im Wandel

Das Konsumverhalten in der Erotikbranche hat sich in den letzten Jahren erheblich gewandelt, was auf verschiedene gesellschaftliche, technologische und kulturelle Faktoren zurückzuführen ist. Die Digitalisierung hat nicht nur den Zugang zu erotischen Inhalten revolutioniert, sondern auch die Art und Weise, wie Verbraucher mit diesen Inhalten interagieren. Immer mehr Menschen nutzen Online-Plattformen, um ihre Wünsche und Bedürfnisse auszudrücken, was zu einer Diversifizierung des Angebots führt.

Ein wesentlicher Trend ist die zunehmende Akzeptanz von Erotikprodukten und -dienstleistungen in der breiten Gesellschaft. Während früher ein Stigma an solchen Produkten hing, sind sie heute oft Teil des Mainstreams geworden. Dies zeigt sich beispielsweise in der steigenden Anzahl von Sexshops, die nicht mehr nur auf das traditionelle Klientel abzielen, sondern auch eine breitere Zielgruppe ansprechen. Zudem haben soziale Medien dazu beigetragen, dass Themen rund um Sexualität offener diskutiert werden können.

Ein weiterer Aspekt des Wandels im Konsumverhalten ist die Personalisierung von Angeboten. Verbraucher suchen zunehmend nach maßgeschneiderten Erlebnissen und Produkten, die ihren individuellen Vorlieben entsprechen. Unternehmen reagieren darauf mit innovativen Geschäftsmodellen wie Abonnements für erotische Inhalte oder personalisierten Spielzeugen. Diese Entwicklung wird durch Datenanalysen unterstützt, die es ermöglichen, gezielte Marketingstrategien zu entwickeln.

- Die Rolle von Influencern: Influencer im Bereich Erotik haben einen signifikanten Einfluss auf das Kaufverhalten ihrer Follower. Sie schaffen Vertrauen und Authentizität durch persönliche Empfehlungen.
- Interaktive Plattformen: Nutzer erwarten zunehmend interaktive Erlebnisse, sei es durch virtuelle Realität oder Live-Streaming-Dienste.
- Ethischer Konsum: Ein wachsendes Bewusstsein für ethische Produktionsbedingungen beeinflusst ebenfalls das Kaufverhalten; Verbraucher bevorzugen Marken, die Transparenz bieten und faire Arbeitsbedingungen fördern.

Zusammenfassend lässt sich sagen, dass das Konsumverhalten in der Erotikbranche einem dynamischen Wandel unterliegt. Die Kombination aus technologischen Innovationen und einem veränderten gesellschaftlichen Klima eröffnet neue Möglichkeiten für Unternehmen und Verbraucher gleichermaßen.

2.2 Digitale Innovationen und ihre Auswirkungen

Digitale Innovationen haben die Erotikbranche in den letzten Jahren grundlegend transformiert. Diese Veränderungen sind nicht nur technischer Natur, sondern betreffen auch das Nutzerverhalten, die Geschäftsmodelle und die gesellschaftliche Wahrnehmung von Erotikprodukten. Die Integration neuer Technologien hat es Unternehmen ermöglicht, personalisierte Erlebnisse zu schaffen und gleichzeitig eine breitere Zielgruppe anzusprechen.

Ein herausragendes Beispiel für digitale Innovation ist der Einsatz von Künstlicher Intelligenz (KI) zur Analyse von Nutzerpräferenzen. Unternehmen nutzen KI-gestützte Algorithmen, um maßgeschneiderte Empfehlungen für Produkte oder Inhalte zu generieren. Dies führt nicht nur zu einer höheren Kundenzufriedenheit, sondern auch zu einer Steigerung der Verkaufszahlen. Zudem ermöglichen interaktive Plattformen wie Virtual Reality (VR) den Nutzern, immersive Erfahrungen zu machen, die über traditionelle Medien hinausgehen.

Die Entwicklung von Abonnementmodellen hat ebenfalls an Bedeutung gewonnen. Verbraucher schätzen die Flexibilität und den Zugang zu exklusiven Inhalten ohne einmalige Käufe. Diese Modelle fördern ein kontinuierliches Engagement der Nutzer und bieten Unternehmen wertvolle Daten zur Verbesserung ihrer Angebote. Darüber hinaus haben soziale Medien eine Schlüsselrolle bei der Verbreitung erotischer Inhalte gespielt; Influencer können durch authentische Empfehlungen das Vertrauen ihrer Follower gewinnen und somit das Kaufverhalten beeinflussen.

Ein weiterer wichtiger Aspekt ist das wachsende Bewusstsein für ethischen Konsum in der Erotikbranche. Verbraucher legen zunehmend Wert auf Transparenz hinsichtlich der Produktionsbedingungen und bevorzugen Marken, die faire Arbeitspraktiken unterstützen. Digitale Plattformen ermöglichen es Unternehmen, ihre Werte klar zu kommunizieren und sich so von Mitbewerbern abzuheben.

Zusammenfassend lässt sich sagen, dass digitale Innovationen nicht nur neue Möglichkeiten für Unternehmen schaffen, sondern auch das gesamte Konsumverhalten in der Erotikbranche neu definieren. Die Kombination aus technologischen Fortschritten und einem veränderten gesellschaftlichen Klima eröffnet sowohl Herausforderungen als auch Chancen für alle Akteure im Markt.

2.3 Nischenmärkte identifizieren

Die Identifikation von Nischenmärkten in der Erotikbranche ist ein entscheidender Schritt für Unternehmen, die sich in einem zunehmend gesättigten Markt behaupten möchten. Nischenmärkte bieten nicht nur die Möglichkeit, spezifische Zielgruppen anzusprechen, sondern auch innovative Produkte und Dienstleistungen zu entwickeln, die auf besondere Bedürfnisse und Wünsche zugeschnitten sind.

Ein Beispiel für einen aufstrebenden Nischenmarkt ist die Nachfrage nach nachhaltigen Erotikprodukten. Verbraucher legen zunehmend Wert auf umweltfreundliche Materialien und ethisch produzierte Waren. Unternehmen, die beispielsweise Bio-Lubrikanten oder Spielzeuge aus recycelbaren Materialien anbieten, können sich von der Konkurrenz abheben und eine loyale Kundenbasis aufbauen.

Ein weiterer interessanter Bereich ist die Entwicklung von Produkten für unterschiedliche sexuelle Orientierungen und Geschlechtsidentitäten. Die LGBTQ+-Community hat spezifische Bedürfnisse, die oft von traditionellen Anbietern ignoriert werden. Marken, die gezielt Produkte für diese Zielgruppe entwickeln – wie z.B. strap-on Spielzeuge oder spezielle Fetischartikel – können nicht nur den Umsatz steigern, sondern auch das Vertrauen innerhalb dieser Gemeinschaft gewinnen.

Technologische Innovationen eröffnen ebenfalls neue Nischenmärkte. Die Integration von Virtual Reality (VR) in erotische Inhalte ermöglicht es Nutzern, immersive Erfahrungen zu machen, die über herkömmliche Medien hinausgehen. Anbieter von VR-Erotikfilmen oder interaktiven Plattformen können so ein jüngeres Publikum ansprechen und gleichzeitig bestehende Kunden mit neuen Erlebnissen begeistern.

Darüber hinaus gibt es einen wachsenden Trend hin zu personalisierten Produkten und Dienstleistungen im Erotikbereich. Abonnement-Modelle, bei denen Nutzer regelmäßig maßgeschneiderte Boxen mit erotischen Artikeln erhalten, erfreuen sich zunehmender Beliebtheit. Diese Form des Konsums spricht insbesondere jüngere Generationen an, die Wert auf Individualität legen.

Zusammenfassend lässt sich sagen, dass das Identifizieren und Bedienen von Nischenmärkten in der Erotikbranche nicht nur eine Chance zur Differenzierung darstellt, sondern auch zur Schaffung eines nachhaltigeren und inklusiveren Marktes beiträgt.

3
Geschäftsmodelle in der Erotikbranche

3.1 Affiliate-Marketing im Detail

Affiliate-Marketing hat sich als ein zentrales Geschäftsmodell in der Erotikbranche etabliert, da es sowohl für Anbieter als auch für Affiliates zahlreiche Vorteile bietet. In einer Zeit, in der digitale Inhalte und Produkte zunehmend nachgefragt werden, ermöglicht dieses Modell eine flexible und skalierbare Einkommensquelle. Affiliates können durch die Bewerbung von Produkten oder Dienstleistungen Provisionen verdienen, während Unternehmen ihre Reichweite erhöhen und neue Kunden gewinnen.

Ein entscheidender Aspekt des Affiliate-Marketings ist die Auswahl der richtigen Partnerprogramme. Die Erotikbranche bietet eine Vielzahl von Nischen, darunter Dating-Plattformen, erotische Spielzeuge und Online-Streaming-Dienste. Affiliates sollten Programme wählen, die zu ihrer Zielgruppe passen und qualitativ hochwertige Produkte anbieten. Eine sorgfältige Analyse der angebotenen Provisionen sowie der Marketingmaterialien ist unerlässlich, um den Erfolg zu maximieren.

Die Effektivität von Affiliate-Marketing hängt stark von den verwendeten Werbestrategien ab. Social Media Plattformen wie Instagram oder TikTok bieten hervorragende Möglichkeiten zur Promotion, jedoch müssen Affiliates darauf achten, die Richtlinien dieser Plattformen zu befolgen. Content-Marketing über Blogs oder YouTube-Kanäle kann ebenfalls eine wertvolle Strategie sein; hier können Affiliates durch informative Inhalte Vertrauen aufbauen und gleichzeitig Produkte empfehlen.

Ein weiterer wichtiger Punkt ist das Tracking und die Analyse der Ergebnisse. Viele Affiliate-Programme bieten Tools an, mit denen Affiliates ihre Leistung überwachen können. Diese Daten sind entscheidend für die Optimierung von Kampagnen und helfen dabei, herauszufinden, welche Strategien am besten funktionieren. Durch kontinuierliche Anpassungen können Affiliates ihre Einnahmen steigern und langfristigen Erfolg sichern.

Zusammenfassend lässt sich sagen, dass Affiliate-Marketing in der Erotikbranche nicht nur lukrativ ist, sondern auch kreative Freiräume bietet. Mit dem richtigen Ansatz können sowohl neue als auch erfahrene Unternehmer in diesem Bereich erfolgreich sein und ihre Leidenschaft monetarisieren.

3.2 Verkauf von erotischen Produkten

Der Verkauf von erotischen Produkten stellt einen zentralen Bestandteil der Erotikbranche dar und hat sich in den letzten Jahren erheblich gewandelt. Mit dem Aufstieg des Online-Handels und der zunehmenden Akzeptanz von Sexualität in der Gesellschaft haben sich neue Möglichkeiten für Unternehmen eröffnet, die erotische Produkte vertreiben. Diese Entwicklung ist nicht nur auf die steigende Nachfrage zurückzuführen, sondern auch auf das wachsende Bewusstsein für sexuelle Gesundheit und Wellness.

Ein wichtiger Aspekt beim Verkauf erotischer Produkte ist die Diversifizierung des Angebots. Anbieter können eine breite Palette an Produkten anbieten, darunter Sexspielzeuge, Dessous, erotische Literatur und Pflegeprodukte für die intime Hygiene. Die Vielfalt ermöglicht es den Unternehmen, unterschiedliche Zielgruppen anzusprechen – von Paaren über Singles bis hin zu LGBTQ+-Kunden. Zudem spielt die Qualität der Produkte eine entscheidende Rolle; hochwertige Materialien und innovative Designs sind oft ausschlaggebend für den Kaufentscheid.

Die Vermarktung dieser Produkte erfordert ein sensibles Vorgehen. Während traditionelle Werbung in vielen Fällen eingeschränkt ist, nutzen viele Unternehmen kreative Ansätze wie Influencer-Marketing oder Content-Marketing über Blogs und soziale Medien. Plattformen wie Instagram oder TikTok bieten hervorragende Möglichkeiten zur Präsentation von Produkten durch ansprechende visuelle Inhalte. Hierbei ist es wichtig, eine Balance zwischen ansprechender Darstellung und respektvollem Umgang mit dem Thema Sexualität zu finden.

Ein weiterer bedeutender Trend im Verkauf erotischer Produkte ist die Personalisierung des Einkaufserlebnisses. Viele Online-Shops bieten maßgeschneiderte Empfehlungen basierend auf dem Nutzerverhalten oder speziellen Vorlieben an. Dies kann durch interaktive Quizze oder Umfragen geschehen, die den Kunden helfen, das passende Produkt zu finden. Solche personalisierten Erlebnisse fördern nicht nur die Kundenzufriedenheit, sondern erhöhen auch die Wahrscheinlichkeit eines Kaufs.

Zusammenfassend lässt sich sagen, dass der Verkauf von erotischen Produkten ein dynamisches Feld ist, das sowohl Herausforderungen als auch Chancen bietet. Durch innovative Marketingstrategien und ein breites Produktangebot können Unternehmen erfolgreich in diesem Markt agieren und gleichzeitig zur Enttabuisierung von Sexualität beitragen.

3.3 Dienstleistungen und deren Potenzial

Die Dienstleistungen in der Erotikbranche sind ein entscheidender Faktor für die Diversifizierung und das Wachstum des Marktes. Sie bieten nicht nur eine Ergänzung zu physischen Produkten, sondern schaffen auch neue Erlebnisse und Interaktionen, die auf die individuellen Bedürfnisse der Kunden zugeschnitten sind. In einer Zeit, in der persönliche Erfahrungen zunehmend geschätzt werden, eröffnet dieser Bereich zahlreiche Möglichkeiten für Unternehmen.

Ein bedeutendes Segment innerhalb der Dienstleistungen ist die sexuelle Aufklärung und Beratung. Diese kann in Form von Workshops, Online-Kursen oder persönlichen Beratungen angeboten werden. Solche Angebote fördern nicht nur das Bewusstsein für sexuelle Gesundheit, sondern tragen auch zur Enttabuisierung von Sexualität bei. Anbieter können durch gezielte Marketingstrategien wie Webinare oder Social-Media-Kampagnen auf ihre Dienstleistungen aufmerksam machen und so eine breitere Zielgruppe erreichen.

Ein weiterer wachsender Bereich ist die Bereitstellung von erotischen Massagen oder Wellness-Dienstleistungen. Diese Angebote kombinieren Entspannung mit einem sinnlichen Erlebnis und sprechen sowohl Singles als auch Paare an. Die Schaffung eines ansprechenden Ambientes sowie die Ausbildung qualifizierter Fachkräfte sind hierbei entscheidend für den Erfolg solcher Dienstleistungen. Zudem können Anbieter durch Kooperationen mit Hotels oder Wellnesszentren ihre Reichweite erhöhen.

Technologische Innovationen haben ebenfalls das Potenzial, den Dienstleistungssektor der Erotikbranche zu revolutionieren. Virtual-Reality-Erlebnisse oder interaktive Plattformen ermöglichen es Nutzern, neue Dimensionen der Intimität zu erkunden, ohne physisch präsent sein zu müssen. Solche Technologien könnten insbesondere während globaler Krisen wie Pandemien an Bedeutung gewinnen und neue Märkte erschließen.

Zusammenfassend lässt sich sagen, dass Dienstleistungen in der Erotikbranche ein enormes Potenzial bieten, um innovative Geschäftsmodelle zu entwickeln und gleichzeitig einen positiven Einfluss auf gesellschaftliche Normen auszuüben. Durch kreative Ansätze und den Einsatz moderner Technologien können Unternehmen nicht nur ihren Umsatz steigern, sondern auch zur Förderung einer offenen Diskussion über Sexualität beitragen.

4
Marketingstrategien für erotische Produkte

4.1 Zielgerichtete Werbung und Ansprache

Die zielgerichtete Werbung und Ansprache sind entscheidende Elemente für den Erfolg in der Erotikbranche. In einer Zeit, in der Verbraucher mit einer Flut von Informationen konfrontiert werden, ist es unerlässlich, die richtige Zielgruppe präzise anzusprechen. Dies erfordert ein tiefes Verständnis der demografischen Merkmale, Interessen und Bedürfnisse potenzieller Kunden.

Ein effektiver Ansatz zur zielgerichteten Werbung beginnt mit der Segmentierung des Marktes. Unternehmen sollten ihre Zielgruppen nach verschiedenen Kriterien wie Alter, Geschlecht, Beziehungsstatus und sexuellen Vorlieben unterteilen. Diese Segmentierung ermöglicht es, maßgeschneiderte Marketingkampagnen zu entwickeln, die spezifische Bedürfnisse ansprechen und somit eine höhere Conversion-Rate erzielen.

Darüber hinaus spielt die Wahl der Werbekanäle eine zentrale Rolle. Soziale Medien sind besonders effektiv für die Ansprache jüngerer Zielgruppen, während traditionelle Medien wie Printanzeigen oder TV-Werbung möglicherweise besser geeignet sind, um ältere Konsumenten zu erreichen. Plattformen wie Instagram oder TikTok bieten kreative Möglichkeiten zur Präsentation erotischer Produkte durch visuelle Inhalte und Influencer-Marketing.

- Personalisierte E-Mail-Kampagnen können gezielt an Interessengruppen gesendet werden, um spezielle Angebote oder neue Produkte vorzustellen.
- Suchmaschinenmarketing (SEM) ermöglicht es Unternehmen, gezielt auf Suchanfragen von Nutzern zu reagieren und relevante Inhalte bereitzustellen.
- Content-Marketing kann genutzt werden, um informative Artikel oder Videos zu erstellen, die das Interesse an erotischen Produkten wecken und gleichzeitig einen Mehrwert bieten.

Ein weiterer wichtiger Aspekt ist die ethische Verantwortung bei der Werbung für erotische Produkte. Es ist entscheidend, respektvoll mit sensiblen Themen umzugehen und sicherzustellen, dass alle Marketingmaßnahmen im Einklang mit den gesellschaftlichen Normen stehen. Transparente Kommunikation über Produktinhalte sowie klare Altersbeschränkungen sind unerlässlich.

Zusammenfassend lässt sich sagen, dass zielgerichtete Werbung in der Erotikbranche nicht nur eine Frage des Verkaufs ist; sie erfordert ein tiefes Verständnis für die Zielgruppe sowie kreative Strategien zur Ansprache dieser Gruppe auf respektvolle Weise. Durch innovative Ansätze können Unternehmen nicht nur ihre Reichweite erhöhen, sondern auch langfristige Kundenbeziehungen aufbauen.

4.2 Social Media als Verkaufsplattform

Die Nutzung von sozialen Medien als Verkaufsplattform hat in den letzten Jahren erheblich an Bedeutung gewonnen, insbesondere in der Erotikbranche. Diese Plattformen bieten nicht nur die Möglichkeit, Produkte zu bewerben, sondern auch eine direkte Interaktion mit der Zielgruppe zu ermöglichen. Durch kreative Inhalte und gezielte Ansprache können Unternehmen ihre Markenidentität stärken und das Vertrauen potenzieller Kunden gewinnen.

Ein entscheidender Vorteil von sozialen Medien ist die Möglichkeit, visuelle Inhalte zu teilen. Plattformen wie Instagram und TikTok sind ideal für die Präsentation erotischer Produkte durch ansprechende Bilder und Videos. Hier können Unternehmen nicht nur ihre Produkte zeigen, sondern auch Lifestyle-Inhalte kreieren, die das Interesse der Nutzer wecken. Beispielsweise könnte ein Unternehmen kurze Tutorials oder Anleitungen zur Verwendung seiner Produkte veröffentlichen, um den Nutzern einen Mehrwert zu bieten und gleichzeitig das Engagement zu erhöhen.

Influencer-Marketing spielt ebenfalls eine zentrale Rolle in diesem Kontext. Die Zusammenarbeit mit Influencern, die bereits eine treue Anhängerschaft haben, kann dazu beitragen, neue Zielgruppen zu erreichen und das Vertrauen in die Marke zu stärken. Influencer können authentische Erfahrungen mit den Produkten teilen und so potenzielle Käufer direkt ansprechen. Dies ist besonders wichtig in einer Branche, in der persönliche Empfehlungen oft entscheidend für Kaufentscheidungen sind.

Darüber hinaus ermöglicht es Social Media Unternehmen, direktes Feedback von ihren Kunden zu erhalten. Durch Umfragen oder interaktive Posts können Marken wertvolle Einblicke in die Vorlieben ihrer Zielgruppe gewinnen und ihre Marketingstrategien entsprechend anpassen. Diese Form der Interaktion fördert nicht nur die Kundenbindung, sondern hilft auch dabei, ein besseres Verständnis für Markttrends zu entwickeln.

Abschließend lässt sich sagen, dass soziale Medien weit mehr sind als nur Werbeplattformen; sie sind dynamische Räume für den Austausch zwischen Marken und Verbrauchern. Durch innovative Ansätze im Content-Marketing sowie durch strategische Partnerschaften mit Influencern können Unternehmen in der Erotikbranche nicht nur ihre Reichweite erhöhen, sondern auch langfristige Beziehungen zu ihren Kunden aufbauen.

4.3 Content-Marketing für die Erotikbranche

Content-Marketing spielt eine entscheidende Rolle in der Erotikbranche, da es Unternehmen ermöglicht, ihre Zielgruppe auf authentische und ansprechende Weise zu erreichen. Durch qualitativ hochwertige Inhalte können Marken nicht nur ihre Produkte bewerben, sondern auch eine tiefere Verbindung zu ihren Kunden aufbauen. Dies ist besonders wichtig in einem sensiblen Bereich wie der Erotikindustrie, wo Vertrauen und Diskretion von größter Bedeutung sind.

Ein effektiver Ansatz im Content-Marketing besteht darin, informative und unterhaltsame Inhalte zu erstellen, die über die bloße Produktwerbung hinausgehen. Blogs, Videos und Podcasts können genutzt werden, um Themen wie sexuelle Gesundheit, Beziehungen oder persönliche Erfahrungen anzusprechen. Solche Inhalte bieten nicht nur einen Mehrwert für die Leser oder Zuschauer, sondern positionieren das Unternehmen auch als Experten auf seinem Gebiet.

Ein Beispiel für gelungenes Content-Marketing in der Erotikbranche ist die Erstellung von Anleitungen zur Verwendung bestimmter Produkte oder Tipps zur Verbesserung des Sexuallebens. Diese Art von Inhalten kann sowohl informativ als auch ansprechend sein und fördert das Engagement der Nutzer. Zudem können interaktive Formate wie Umfragen oder Quizze eingesetzt werden, um das Interesse der Zielgruppe weiter zu steigern.

Die Nutzung von SEO-Strategien ist ebenfalls ein wichtiger Aspekt des Content-Marketings. Durch gezielte Keyword-Recherche und -Optimierung können Unternehmen sicherstellen, dass ihre Inhalte in Suchmaschinen gut platziert sind. Dies erhöht die Sichtbarkeit und zieht potenzielle Kunden an, die nach Informationen suchen. Die Kombination aus wertvollen Inhalten und einer starken SEO-Strategie kann dazu beitragen, den Traffic auf der Website erheblich zu steigern.

Zusammenfassend lässt sich sagen, dass Content-Marketing in der Erotikbranche weit mehr ist als nur Werbung; es ist ein Werkzeug zur Schaffung von Vertrauen und zur Förderung einer offenen Diskussion über Sexualität. Indem Unternehmen relevante und ansprechende Inhalte bereitstellen, können sie nicht nur ihre Markenbekanntheit erhöhen, sondern auch langfristige Beziehungen zu ihren Kunden aufbauen.

5
Rechtliche Rahmenbedingungen verstehen

5.1 Gesetze und Vorschriften in Deutschland

Die rechtlichen Rahmenbedingungen für die Erotikbranche in Deutschland sind komplex und vielschichtig. Sie spielen eine entscheidende Rolle für Unternehmer, Kreative und alle, die in diesem Bereich tätig werden möchten. Ein tiefes Verständnis der geltenden Gesetze ist unerlässlich, um nicht nur rechtliche Probleme zu vermeiden, sondern auch um ethische Standards einzuhalten.

In Deutschland unterliegt die Erotikbranche verschiedenen gesetzlichen Regelungen, die sowohl auf Bundes- als auch auf Landesebene gelten. Zu den wichtigsten Rechtsgebieten zählen das Strafrecht, das Urheberrecht sowie das Wettbewerbsrecht. Das Strafgesetzbuch (StGB) enthält Bestimmungen über die Verbreitung von pornografischen Inhalten und regelt den Umgang mit Minderjährigen. So ist es beispielsweise verboten, pornografische Inhalte an Personen unter 18 Jahren zu verbreiten oder zugänglich zu machen.

Ein weiterer zentraler Aspekt ist das **Jugendschutzgesetz**, welches sicherstellt, dass Kinder und Jugendliche vor schädlichen Inhalten geschützt werden. Betreiber von Websites oder Geschäften müssen geeignete Maßnahmen ergreifen, um den Zugang zu erotischen Inhalten für Minderjährige zu verhindern. Dies kann durch Altersverifikationssysteme geschehen, die sicherstellen, dass nur volljährige Nutzer Zugriff erhalten.

Das **Urheberrecht** spielt ebenfalls eine wesentliche Rolle in der Erotikbranche. Kreative müssen darauf achten, dass sie keine urheberrechtlich geschützten Materialien ohne Erlaubnis verwenden. Dies betrifft sowohl Texte als auch Bilder und Videos. Verstöße gegen das Urheberrecht können erhebliche finanzielle Konsequenzen nach sich ziehen.

Letztlich ist es wichtig für Akteure in der Erotikbranche, sich kontinuierlich über Änderungen im Rechtssystem zu informieren und gegebenenfalls rechtlichen Rat einzuholen. Nur so kann ein nachhaltiger Erfolg gewährleistet werden.

- **Wettbewerbsrecht:** Die Werbung für erotische Produkte muss transparent und nicht irreführend sein.
- **Daten- und Verbraucherschutz:** Bei der Verarbeitung personenbezogener Daten sind strenge Vorgaben einzuhalten.
- **Ethische Überlegungen:** Neben den gesetzlichen Vorgaben sollten Unternehmen auch ethische Standards beachten, um verantwortungsbewusst zu handeln.

5.2 Internationale rechtliche Aspekte

Die Erotikbranche ist nicht nur durch nationale Gesetze geprägt, sondern auch durch internationale rechtliche Rahmenbedingungen, die für Unternehmen und Kreative von großer Bedeutung sind. Diese internationalen Aspekte beeinflussen den Handel, die Verbreitung von Inhalten und die Zusammenarbeit über Grenzen hinweg. Ein tiefes Verständnis dieser Regelungen ist entscheidend, um rechtliche Konflikte zu vermeiden und erfolgreich im globalen Markt agieren zu können.

Ein zentrales Element internationaler rechtlicher Aspekte ist das **Urheberrecht**. Unterschiedliche Länder haben unterschiedliche Urheberrechtsgesetze, was bedeutet, dass Inhalte, die in einem Land legal sind, in einem anderen möglicherweise gegen das Gesetz verstoßen. Beispielsweise kann ein Werk in Deutschland urheberrechtlich geschützt sein, während es in einem anderen Land als gemeinfrei gilt. Dies erfordert von Unternehmen eine sorgfältige Prüfung der geltenden Gesetze in jedem Markt, in dem sie tätig sind.

Darüber hinaus spielt das **Internationale Privatrecht** eine wichtige Rolle bei grenzüberschreitenden Geschäften. Es regelt Fragen wie den Gerichtsstand und anwendbares Recht bei Streitigkeiten zwischen Parteien aus verschiedenen Ländern. Unternehmen müssen sich darüber im Klaren sein, welches Recht auf ihre Verträge anwendbar ist und wo mögliche Rechtsstreitigkeiten ausgetragen werden können.

Ein weiterer bedeutender Aspekt sind die **Regulierungen zum Schutz von Minderjährigen**. Viele Länder haben strenge Vorschriften zur Verbreitung erotischer Inhalte an Minderjährige. Die Einhaltung dieser Vorschriften ist nicht nur gesetzlich erforderlich, sondern auch ethisch geboten. Unternehmen sollten sicherstellen, dass sie geeignete Altersverifikationssysteme implementieren und sich über länderspezifische Anforderungen informieren.

- **Daten- und Verbraucherschutz:** Die Datenschutz-Grundverordnung (DSGVO) der EU hat weitreichende Auswirkungen auf den Umgang mit personenbezogenen Daten weltweit.
- **Kulturelle Unterschiede:** Die Wahrnehmung von Erotik variiert stark zwischen verschiedenen Kulturen; dies sollte bei der Vermarktung berücksichtigt werden.
- **Zoll- und Handelsbestimmungen:** Der internationale Versand erotischer Produkte kann zusätzlichen regulatorischen Anforderungen unterliegen.

Letztlich erfordert die Navigation durch diese internationalen rechtlichen Aspekte ein hohes Maß an Fachwissen und Sensibilität gegenüber kulturellen Unterschieden sowie gesetzlichen Vorgaben. Nur so können Unternehmen nachhaltig erfolgreich agieren und gleichzeitig rechtliche Risiken minimieren.

5.3 Datenschutz und Urheberrecht

Der Schutz personenbezogener Daten und die Wahrung von Urheberrechten sind in der Erotikbranche von zentraler Bedeutung, da sie sowohl rechtliche als auch ethische Herausforderungen mit sich bringen. Die Datenschutz-Grundverordnung (DSGVO) der Europäischen Union hat weitreichende Auswirkungen auf den Umgang mit persönlichen Informationen, insbesondere in einem Sektor, der oft sensibel ist und hohe Anforderungen an die Vertraulichkeit stellt.

Ein zentrales Anliegen des Datenschutzes ist die Erhebung, Verarbeitung und Speicherung von Nutzerdaten. Unternehmen müssen sicherstellen, dass sie transparente Datenschutzerklärungen bereitstellen und die Einwilligung der Nutzer einholen, bevor sie deren Daten verwenden. Dies gilt besonders für Plattformen, die erotische Inhalte anbieten oder Produkte vertreiben. Die Nichteinhaltung dieser Vorschriften kann nicht nur zu hohen Geldstrafen führen, sondern auch das Vertrauen der Kunden gefährden.

Im Kontext des Urheberrechts ist es entscheidend zu verstehen, dass kreative Werke wie Texte, Bilder oder Videos automatisch urheberrechtlich geschützt sind, sobald sie erstellt werden. In der Erotikbranche kann dies bedeuten, dass Inhalte ohne ausdrückliche Genehmigung nicht kopiert oder verbreitet werden dürfen. Unternehmen sollten daher klare Richtlinien zur Nutzung von Inhalten entwickeln und sicherstellen, dass alle Mitarbeiter über diese informiert sind.

Ein weiterer wichtiger Aspekt ist die Balance zwischen dem Schutz geistigen Eigentums und dem Recht auf freie Meinungsäußerung. In vielen Ländern gibt es Gesetze zum Schutz vor Zensur; dennoch können erotische Inhalte oft in Konflikt mit diesen Regelungen geraten. Daher müssen Unternehmen sorgfältig abwägen, wie sie ihre Inhalte gestalten und vermarkten können, um rechtlichen Problemen vorzubeugen.

- **Datenminimierung:** Nur notwendige Daten sollten erhoben werden.
- **Rechte der Betroffenen:** Nutzer haben das Recht auf Auskunft über ihre gespeicherten Daten sowie deren Löschung.
- **Lizenzvereinbarungen:** Klare Verträge zur Nutzung von urheberrechtlich geschützten Materialien sind unerlässlich.

Letztlich erfordert die Kombination aus Datenschutz und Urheberrecht ein hohes Maß an Fachwissen sowie eine proaktive Herangehensweise seitens der Unternehmen in der Erotikbranche. Nur so können sie rechtliche Risiken minimieren und gleichzeitig das Vertrauen ihrer Kunden gewinnen.

6
Ethische Überlegungen in der Erotikbranche

6.1 Verantwortungsvoller Umgang mit Inhalten

Der verantwortungsvolle Umgang mit Inhalten in der Erotikbranche ist von entscheidender Bedeutung, um sowohl die Rechte der Darsteller als auch die Bedürfnisse und Erwartungen der Konsumenten zu respektieren. In einer Zeit, in der digitale Medien allgegenwärtig sind, müssen Unternehmen und Kreative sicherstellen, dass ihre Inhalte nicht nur ansprechend, sondern auch ethisch vertretbar sind.

Ein zentraler Aspekt des verantwortungsvollen Umgangs ist die Einhaltung von rechtlichen Rahmenbedingungen. Dies umfasst unter anderem den Schutz von Minderjährigen sowie die Gewährleistung, dass alle Beteiligten volljährig und einverstanden sind. Die Verwendung von klaren Altersverifikationssystemen kann helfen, den Zugang zu sensiblen Inhalten zu regulieren und somit rechtliche Probleme zu vermeiden.

Darüber hinaus spielt die Transparenz eine wesentliche Rolle. Verbraucher sollten darüber informiert werden, wie Inhalte produziert werden und welche Standards dabei eingehalten werden. Dies kann durch klare Kommunikation auf Plattformen oder in Marketingmaterialien geschehen. Wenn Unternehmen offen über ihre Praktiken informieren, fördert dies das Vertrauen der Konsumenten und trägt zur Schaffung eines positiven Images bei.

- Die Förderung von Diversität: Inhalte sollten verschiedene Körperformen, Ethnien und sexuelle Orientierungen repräsentieren, um ein breiteres Publikum anzusprechen und Stereotypen abzubauen.
- Die Unterstützung von Darstellern: Es ist wichtig sicherzustellen, dass alle Mitwirkenden fair entlohnt werden und Zugang zu Ressourcen haben, die ihre Sicherheit und ihr Wohlbefinden gewährleisten.
- Ethische Werbung: Werbung sollte sensibel gestaltet sein und keine schädlichen oder diskriminierenden Botschaften verbreiten.

Zusammenfassend lässt sich sagen, dass ein verantwortungsvoller Umgang mit Inhalten in der Erotikbranche nicht nur rechtliche Anforderungen erfüllt, sondern auch einen positiven Einfluss auf die Gesellschaft hat. Indem Unternehmen ethische Standards setzen und diese konsequent umsetzen, können sie nicht nur ihren eigenen Erfolg sichern, sondern auch zur Schaffung eines respektvollen Umfelds für alle Beteiligten beitragen.

6.2 Die Rolle von Consent und Respekt

Die Themen Consent und Respekt sind in der Erotikbranche von zentraler Bedeutung, da sie die Grundlage für alle Interaktionen zwischen Darstellern, Produzenten und Konsumenten bilden. In einer Branche, die oft mit Stigmatisierung und Missverständnissen konfrontiert ist, ist es unerlässlich, dass alle Beteiligten ein klares Verständnis von Zustimmung haben und diese aktiv fördern.

Consent bezieht sich nicht nur auf das Einverständnis zu sexuellen Handlungen, sondern auch auf die Bedingungen, unter denen Inhalte produziert werden. Es ist entscheidend, dass Darsteller vor der Aufnahme umfassend über den Inhalt informiert werden und ihre Zustimmung jederzeit widerrufen können. Dies schafft ein Umfeld des Vertrauens und der Sicherheit. Unternehmen sollten klare Richtlinien implementieren, um sicherzustellen, dass alle Beteiligten in einem respektvollen Rahmen arbeiten können.

Respekt zeigt sich auch in der Art und Weise, wie Darsteller behandelt werden. Eine wertschätzende Kommunikation sowie faire Arbeitsbedingungen sind essenziell. Beispielsweise sollten Darsteller nicht nur angemessen entlohnt werden, sondern auch Zugang zu Ressourcen haben, die ihr Wohlbefinden unterstützen. Dies kann psychologische Unterstützung oder Schulungen zur Selbstverteidigung umfassen. Solche Maßnahmen tragen dazu bei, ein positives Arbeitsumfeld zu schaffen.

Ein weiterer wichtiger Aspekt ist die Sensibilisierung der Konsumenten für die Bedeutung von Consent und Respekt in der Erotikbranche. Aufklärungskampagnen können helfen, das Bewusstsein für diese Themen zu schärfen und eine Kultur des Respekts zu fördern. Verbraucher sollten ermutigt werden, Inhalte kritisch zu hinterfragen und sich bewusst für Plattformen zu entscheiden, die ethische Standards hochhalten.

Zusammenfassend lässt sich sagen, dass Consent und Respekt nicht nur rechtliche Anforderungen erfüllen müssen; sie sind auch entscheidend für das Schaffen eines positiven Images der Erotikbranche insgesamt. Indem Unternehmen diese Werte aktiv fördern und umsetzen, tragen sie dazu bei, eine respektvolle Umgebung für alle Beteiligten zu gewährleisten.

6.3 Nachhaltigkeit in der Erotikindustrie

Die Diskussion über Nachhaltigkeit hat in den letzten Jahren an Bedeutung gewonnen, und die Erotikindustrie bildet da keine Ausnahme. In einer Branche, die oft mit Umweltbelastungen und ethischen Fragestellungen konfrontiert ist, wird es zunehmend wichtig, nachhaltige Praktiken zu implementieren. Dies betrifft sowohl die Produktion von Inhalten als auch die verwendeten Materialien und Technologien.

Ein zentraler Aspekt der Nachhaltigkeit in der Erotikbranche ist die Verwendung umweltfreundlicher Materialien. Viele Unternehmen beginnen, auf nachhaltige Produkte umzusteigen, wie z.B. Bio-Latex für Kondome oder schadstofffreie Gleitmittel. Diese Materialien sind nicht nur besser für die Umwelt, sondern auch gesünder für die Konsumenten. Zudem können Hersteller durch den Einsatz von recycelbaren Verpackungen ihren ökologischen Fußabdruck erheblich reduzieren.

Darüber hinaus spielt auch die digitale Transformation eine entscheidende Rolle bei der Förderung von Nachhaltigkeit in der Erotikindustrie. Streaming-Dienste und digitale Inhalte verringern den Bedarf an physischen Produkten und deren Transport, was zu einer Reduzierung des CO_2-Ausstoßes führt. Unternehmen sollten jedoch darauf achten, dass ihre Serverfarmen energieeffizient betrieben werden und idealerweise aus erneuerbaren Energiequellen gespeist werden.

Ein weiterer wichtiger Punkt ist das Bewusstsein für soziale Verantwortung innerhalb der Branche. Unternehmen sollten sich aktiv dafür einsetzen, faire Arbeitsbedingungen zu schaffen und sicherzustellen, dass alle Beteiligten – vom Darsteller bis zum Produktionsmitarbeiter – angemessen entlohnt werden. Initiativen zur Unterstützung von Gemeinschaften oder zur Förderung von Bildung im Bereich Sexualität können ebenfalls Teil eines umfassenden Ansatzes zur sozialen Nachhaltigkeit sein.

Zusammenfassend lässt sich sagen, dass Nachhaltigkeit in der Erotikindustrie ein vielschichtiges Thema ist, das sowohl ökologische als auch soziale Aspekte umfasst. Durch bewusste Entscheidungen hinsichtlich Materialien, Technologien und Arbeitsbedingungen kann die Branche nicht nur ihren ökologischen Fußabdruck minimieren, sondern auch ein positives gesellschaftliches Image fördern.

7
Finanzielle Planung und Budgetierung

7.1 Kostenstruktur eines erotischen Unternehmens

Die Kostenstruktur eines erotischen Unternehmens ist ein entscheidender Faktor für den finanziellen Erfolg und die Nachhaltigkeit des Geschäftsmodells. In einer Branche, die oft mit Vorurteilen behaftet ist, ist es wichtig, die verschiedenen Kostenarten zu verstehen und strategisch zu planen. Diese Struktur umfasst sowohl fixe als auch variable Kosten, die in unterschiedlichen Bereichen anfallen.

Zu den fixen Kosten zählen Mieten für Geschäftsräume oder Studios, Gehälter für festangestellte Mitarbeiter sowie Versicherungen. Diese Ausgaben sind unabhängig von der Verkaufsleistung und müssen regelmäßig gedeckt werden. Ein Beispiel hierfür wäre ein Erotikshop, der monatlich eine feste Miete zahlen muss, unabhängig davon, wie viele Produkte verkauft werden.

Variable Kosten hingegen sind direkt abhängig von der Geschäftstätigkeit. Dazu gehören Materialkosten für Produkte, Marketingausgaben und Provisionen für Affiliate-Partner oder Influencer. In der digitalen Welt können diese variablen Kosten stark schwanken; beispielsweise kann eine erfolgreiche Werbekampagne kurzfristig hohe Ausgaben verursachen, aber auch zu einem signifikanten Umsatzanstieg führen.

- **Marketingkosten:** Die Werbung in sozialen Medien oder auf spezialisierten Plattformen kann kostspielig sein, bietet jedoch Zugang zu einer breiten Zielgruppe.
- **Produktionskosten:** Bei der Herstellung von erotischen Produkten müssen Materialien und Arbeitskraft berücksichtigt werden.
- **Betriebskosten:** Dazu zählen Nebenkosten wie Strom und Wasser sowie Wartungskosten für technische Geräte.

Zudem spielt die rechtliche Rahmenbedingungen eine wichtige Rolle in der Kostenstruktur. Unternehmen müssen sicherstellen, dass sie alle gesetzlichen Vorgaben einhalten, was zusätzliche Ausgaben für Rechtsberatung oder Compliance-Maßnahmen nach sich ziehen kann. Eine sorgfältige Planung dieser Aspekte ist unerlässlich, um finanzielle Risiken zu minimieren und langfristigen Erfolg zu sichern.

Insgesamt erfordert die Analyse der Kostenstruktur eines erotischen Unternehmens ein tiefes Verständnis der Branche sowie eine präzise Finanzplanung. Unternehmer sollten regelmäßig ihre Ausgaben überprüfen und anpassen, um wettbewerbsfähig zu bleiben und das volle Potenzial ihrer Geschäftsidee auszuschöpfen.

7.2 Einnahmequellen analysieren

Die Analyse der Einnahmequellen ist ein zentraler Bestandteil der finanziellen Planung eines erotischen Unternehmens. Sie ermöglicht es Unternehmern, die verschiedenen Wege zu identifizieren, durch die Umsatz generiert werden kann, und hilft dabei, strategische Entscheidungen zu treffen, um das Geschäft nachhaltig zu gestalten. In einer Branche, die oft mit Stigmatisierung konfrontiert ist, ist es besonders wichtig, kreative und legale Einnahmequellen zu erschließen.

Eine der primären Einnahmequellen sind der Verkauf von Produkten und Dienstlungen. Dies umfasst sowohl physische Produkte wie Erotikspielzeuge und Dessous als auch digitale Angebote wie Online-Kurse oder Mitgliedschaften für exklusive Inhalte. Die Diversifizierung des Produktportfolios kann helfen, unterschiedliche Zielgruppen anzusprechen und saisonale Schwankungen abzufedern.

Zusätzlich können Unternehmen durch Veranstaltungen oder Workshops zusätzliche Einnahmen generieren. Solche Events bieten nicht nur eine Plattform zur Vermarktung von Produkten, sondern fördern auch den direkten Kontakt mit Kunden und schaffen eine Community rund um das Unternehmen. Diese Art von Interaktion kann die Kundenbindung stärken und langfristige Beziehungen aufbauen.

- **Affiliate-Marketing:** Durch Partnerschaften mit anderen Unternehmen können Provisionen für vermittelte Verkäufe erzielt werden. Dies erfordert jedoch eine sorgfältige Auswahl der Partner, um sicherzustellen, dass sie zur Markenidentität passen.
- **Sponsoring:** Kooperationen mit Marken oder Influencern in sozialen Medien können neue Einnahmequellen erschließen und gleichzeitig die Reichweite erhöhen.
- **Online-Plattformen:** Der Verkauf über E-Commerce-Websites oder soziale Medien hat sich als äußerst effektiv erwiesen. Hierbei ist es wichtig, eine benutzerfreundliche Oberfläche zu bieten und gezielte Marketingstrategien einzusetzen.

Zudem sollten Unternehmen ihre Preisstrategien regelmäßig überprüfen und anpassen. Eine flexible Preispolitik kann dazu beitragen, auf Marktveränderungen schnell zu reagieren und Wettbewerbsfähigkeit zu gewährleisten. Rabatte oder Sonderaktionen können ebenfalls kurzfristig den Umsatz steigern.

Insgesamt erfordert die Analyse der Einnahmequellen ein tiefes Verständnis des Marktes sowie kreatives Denken bei der Entwicklung neuer Strategien. Unternehmer sollten kontinuierlich nach neuen Möglichkeiten suchen, um ihre Einkommensströme zu diversifizieren und somit finanzielle Stabilität zu gewährleisten.

7.3 Investitionen strategisch planen

Die strategische Planung von Investitionen ist ein entscheidender Aspekt der finanziellen Planung, insbesondere in einem dynamischen und oft herausfordernden Marktumfeld. Eine durchdachte Investitionsstrategie ermöglicht es Unternehmen, Ressourcen effizient zu nutzen und langfristige Wachstumsziele zu erreichen. In der erotischen Branche, die häufig mit besonderen Herausforderungen konfrontiert ist, ist eine sorgfältige Analyse und Planung unerlässlich.

Ein zentraler Punkt bei der strategischen Investitionsplanung ist die Identifikation von Schlüsselbereichen, in denen Investitionen den größten Mehrwert schaffen können. Dazu gehört beispielsweise die Verbesserung der technologischen Infrastruktur. Der Einsatz moderner Technologien kann nicht nur die Effizienz steigern, sondern auch das Kundenerlebnis erheblich verbessern. Unternehmen sollten daher regelmäßig ihre bestehenden Systeme evaluieren und gegebenenfalls in neue Softwarelösungen oder E-Commerce-Plattformen investieren.

Darüber hinaus spielt die Marktforschung eine wesentliche Rolle bei der Entscheidungsfindung für Investitionen. Durch das Verständnis von Trends und Kundenbedürfnissen können Unternehmen gezielt in Produkte oder Dienstleistungen investieren, die eine hohe Nachfrage versprechen. Beispielsweise könnte ein Unternehmen feststellen, dass es einen Anstieg des Interesses an nachhaltigen Produkten gibt und entsprechend in umweltfreundliche Erotikspielzeuge investieren.

Ein weiterer wichtiger Aspekt ist das Risikomanagement. Bei jeder Investition sollten potenzielle Risiken sorgfältig abgewogen werden. Dies umfasst sowohl finanzielle Risiken als auch solche, die sich aus rechtlichen Rahmenbedingungen ergeben können. Eine diversifizierte Investitionsstrategie kann helfen, diese Risiken zu minimieren und gleichzeitig Chancen zu maximieren.

Zusätzlich sollten Unternehmen ihre finanziellen Mittel strategisch allokieren. Es empfiehlt sich, einen Teil des Budgets für innovative Projekte oder Forschung und Entwicklung bereitzustellen. Solche Initiativen können dazu beitragen, neue Einnahmequellen zu erschließen und das Unternehmen zukunftssicher zu machen.

Insgesamt erfordert die strategische Planung von Investitionen eine ganzheitliche Sichtweise sowie Flexibilität im Umgang mit Veränderungen im Marktumfeld. Unternehmer müssen bereit sein, ihre Strategien kontinuierlich anzupassen und neue Möglichkeiten zur Wertschöpfung zu erkunden.

8
Aufbau einer Marke in der Erotikbranche

8.1 Markenidentität entwickeln

Die Entwicklung einer starken Markenidentität ist entscheidend für den Erfolg in der Erotikbranche. In einem Markt, der oft von Stigmatisierung und Vorurteilen geprägt ist, kann eine klar definierte Markenidentität dazu beitragen, Vertrauen aufzubauen und sich von Mitbewerbern abzuheben. Eine gut durchdachte Markenidentität vermittelt nicht nur die Werte und die Mission des Unternehmens, sondern spricht auch gezielt die Zielgruppe an.

Ein zentraler Aspekt bei der Schaffung einer Markenidentität ist das Verständnis der Zielgruppe. Wer sind die potenziellen Kunden? Welche Bedürfnisse und Wünsche haben sie? Durch Marktforschung und Umfragen können Unternehmen wertvolle Einblicke gewinnen, um ihre Produkte oder Dienstleistungen entsprechend anzupassen. Die Ansprache sollte dabei sensibel und respektvoll erfolgen, um ein positives Image zu fördern.

Ein weiterer wichtiger Punkt ist das visuelle Erscheinungsbild der Marke. Dazu gehören Logo, Farbpalette und Schriftarten, die alle zusammen eine konsistente visuelle Sprache schaffen sollten. Diese Elemente müssen nicht nur ästhetisch ansprechend sein, sondern auch die Werte der Marke widerspiegeln. Beispielsweise könnte eine Marke, die sich auf luxuriöse Produkte spezialisiert hat, ein elegantes Design wählen, während eine Marke mit einem spielerischen Ansatz lebendige Farben und verspielte Schriftarten verwenden könnte.

Zusammenfassend lässt sich sagen, dass eine starke Markenidentität in der Erotikbranche nicht nur zur Differenzierung beiträgt, sondern auch langfristige Kundenbindung fördert. Indem Unternehmen ihre Identität klar definieren und kommunizieren, können sie ein positives Image aufbauen und erfolgreich im Markt agieren.

- **Storytelling:** Die Geschichte hinter der Marke kann ebenfalls einen starken Einfluss auf die Wahrnehmung haben. Eine authentische Erzählung über die Gründung oder Inspiration hinter den Produkten kann emotionale Verbindungen schaffen.
- **Konsistenz:** Konsistenz in allen Kommunikationskanälen – sei es auf Social Media, in Werbung oder im Kundenservice – stärkt das Vertrauen in die Marke.
- **Ethische Überlegungen:** In der Erotikbranche ist es besonders wichtig, ethische Standards einzuhalten. Transparente Geschäftspraktiken und verantwortungsbewusste Werbung tragen zur positiven Wahrnehmung bei.

8.2 Branding-Strategien für erotische Produkte

Die Entwicklung effektiver Branding-Strategien in der Erotikbranche ist von entscheidender Bedeutung, um sich in einem oft sensiblen und stigmatisierten Markt zu positionieren. Eine durchdachte Strategie kann nicht nur das Vertrauen der Kunden gewinnen, sondern auch eine emotionale Bindung zur Marke aufbauen. In diesem Kontext sind mehrere Ansätze besonders relevant.

Ein zentraler Aspekt ist die Schaffung einer einzigartigen Markenpersönlichkeit, die sowohl ansprechend als auch authentisch ist. Unternehmen sollten sich überlegen, welche Werte sie vertreten und wie diese in ihrer Kommunikation zum Ausdruck kommen können. Beispielsweise könnte eine Marke, die sich auf Nachhaltigkeit konzentriert, ihre umweltfreundlichen Praktiken betonen und damit eine Zielgruppe ansprechen, die Wert auf ethische Konsumverhalten legt.

Darüber hinaus spielt das visuelle Branding eine wesentliche Rolle. Die Auswahl von Farben, Schriftarten und Bildmaterial sollte sorgfältig erfolgen, um die gewünschte Stimmung zu vermitteln. Eine Marke könnte beispielsweise mit sanften Pastelltönen arbeiten, um ein Gefühl von Intimität und Zärtlichkeit zu erzeugen, während kräftige Farben für Energie und Leidenschaft stehen könnten. Diese visuellen Elemente müssen konsistent über alle Plattformen hinweg eingesetzt werden – sei es im Online-Shop oder in sozialen Medien.

- **Kundenerfahrungen:** Die Schaffung unvergesslicher Kundenerlebnisse kann ebenfalls zur Markenbildung beitragen. Veranstaltungen oder Workshops können dazu dienen, potenzielle Kunden anzusprechen und ihnen ein Gefühl der Zugehörigkeit zu vermitteln.
- **Influencer-Marketing:** Kooperationen mit Influencern aus der Erotikbranche können helfen, neue Zielgruppen zu erreichen und das Vertrauen in die Marke zu stärken. Authentische Empfehlungen haben oft einen größeren Einfluss als traditionelle Werbung.
- **Ethische Kommunikation:** Transparente Kommunikation über Produkteigenschaften sowie deren Herkunft fördert das Vertrauen der Verbraucher. In einer Branche wie dieser ist es wichtig, offen über Materialien und Herstellungsprozesse zu informieren.

Zusammenfassend lässt sich sagen, dass erfolgreiche Branding-Strategien in der Erotikbranche weit mehr umfassen als nur Produktwerbung. Sie erfordern ein tiefes Verständnis für die Zielgruppe sowie kreative Ansätze zur Markenbildung und -kommunikation. Durch den Einsatz dieser Strategien können Unternehmen nicht nur ihre Sichtbarkeit erhöhen, sondern auch langfristige Kundenbindungen schaffen.

8.3 Kundenbindung durch Markenloyalität

Kundenbindung ist ein entscheidender Faktor für den langfristigen Erfolg in der Erotikbranche. Die Schaffung von Markenloyalität geht über die bloße Verkaufsförderung hinaus; sie erfordert eine tiefere emotionale Verbindung zwischen der Marke und ihren Kunden. In einem Markt, der oft mit Tabus und Stigmatisierung konfrontiert ist, kann eine starke Markenidentität dazu beitragen, Vertrauen aufzubauen und die Kundenbindung zu stärken.

Ein wesentlicher Aspekt der Markenloyalität ist die Konsistenz in der Kommunikation und im Angebot. Wenn Kunden regelmäßig positive Erfahrungen mit einer Marke machen – sei es durch qualitativ hochwertige Produkte, exzellenten Kundenservice oder ansprechende Marketingkampagnen – sind sie eher geneigt, dieser Marke treu zu bleiben. Ein Beispiel hierfür könnte eine Erotikmarke sein, die nicht nur innovative Produkte anbietet, sondern auch regelmäßig Inhalte teilt, die Aufklärung und Empowerment fördern.

Darüber hinaus spielt das Community-Building eine zentrale Rolle bei der Förderung von Loyalität. Durch die Schaffung eines sicheren Raums für Diskussionen und Austausch können Marken eine engagierte Gemeinschaft aufbauen. Online-Foren oder soziale Medien bieten Plattformen, auf denen Kunden ihre Erfahrungen teilen können. Solche Interaktionen stärken nicht nur das Zugehörigkeitsgefühl, sondern fördern auch das Vertrauen in die Marke.

Ein weiterer wichtiger Punkt ist das Feedback-Management. Unternehmen sollten aktiv nach Rückmeldungen ihrer Kunden suchen und diese ernst nehmen. Indem sie auf Wünsche und Anregungen eingehen, zeigen sie ihren Kunden, dass deren Meinungen wertgeschätzt werden. Dies kann durch Umfragen oder direkte Kommunikation geschehen und trägt dazu bei, dass sich Kunden gehört fühlen.

Zusammenfassend lässt sich sagen, dass die Förderung von Markenloyalität in der Erotikbranche ein vielschichtiger Prozess ist. Durch konsistente Kommunikation, Community-Building und aktives Feedback-Management können Unternehmen nicht nur ihre Sichtbarkeit erhöhen, sondern auch langfristige Beziehungen zu ihren Kunden aufbauen. Diese Bindung führt letztlich zu einer höheren Wiederkaufrate und einem positiven Image der Marke.

9
Praktische Tipps zur Umsetzung von Geschäftsideen

9.1 Von der Idee zur Realität

Die Transformation einer Geschäftsidee in die Realität ist ein entscheidender Schritt für jeden Unternehmer, insbesondere in der dynamischen Erotikbranche. Dieser Prozess erfordert nicht nur Kreativität und Innovationsgeist, sondern auch strategisches Denken und eine sorgfältige Planung. Die Umsetzung beginnt mit der klaren Definition der Geschäftsidee, gefolgt von einer umfassenden Marktanalyse, um das Potenzial und die Zielgruppe zu identifizieren.

Ein wichtiger Aspekt bei der Realisierung ist die Entwicklung eines soliden Geschäftsplans. Dieser sollte nicht nur die finanziellen Aspekte abdecken, sondern auch Marketingstrategien, rechtliche Rahmenbedingungen und ethische Überlegungen berücksichtigen. In der Erotikbranche ist es besonders wichtig, sich über geltende Gesetze im Klaren zu sein, um rechtliche Probleme zu vermeiden. Ein gut durchdachter Plan hilft dabei, potenzielle Investoren zu überzeugen und gibt dem Unternehmer eine klare Richtung vor.

Ein weiterer Schritt auf dem Weg von der Idee zur Realität ist die Erstellung eines Prototyps oder einer Testversion des Produkts oder der Dienstleistung. Dies ermöglicht es, Feedback von potenziellen Kunden einzuholen und notwendige Anpassungen vorzunehmen. In vielen Fällen kann dies den Unterschied zwischen Erfolg und Misserfolg ausmachen. Beispielsweise haben viele erfolgreiche Unternehmen in der Erotikbranche ihre Produkte zunächst in kleinerem Maßstab getestet, bevor sie auf den breiten Markt gingen.

Zusätzlich spielt das Networking eine wesentliche Rolle bei der Umsetzung von Geschäftsideen. Der Austausch mit anderen Unternehmern sowie Experten aus der Branche kann wertvolle Einblicke bieten und neue Möglichkeiten eröffnen. Veranstaltungen wie Messen oder Online-Foren sind hervorragende Gelegenheiten, um Kontakte zu knüpfen und sich über aktuelle Trends auszutauschen.

Schließlich ist es wichtig, flexibel zu bleiben und bereit zu sein, Anpassungen vorzunehmen. Der Markt verändert sich ständig; daher sollten Unternehmer offen für neue Ideen sein und bereitwillig auf Feedback reagieren. Durch diese iterative Herangehensweise können sie sicherstellen, dass ihre Geschäftsidee nicht nur realisiert wird, sondern auch langfristig erfolgreich bleibt.

9.2 Prototyping und Markttests

Prototyping und Markttests sind entscheidende Schritte in der Entwicklung einer Geschäftsidee, insbesondere in der dynamischen Erotikbranche. Diese Phasen ermöglichen es Unternehmern, ihre Konzepte zu validieren, bevor sie signifikante Ressourcen in die vollständige Umsetzung investieren. Ein gut durchdachter Prototyp kann nicht nur helfen, technische Herausforderungen frühzeitig zu identifizieren, sondern auch wertvolles Feedback von potenziellen Kunden einzuholen.

Der erste Schritt im Prototyping-Prozess besteht darin, eine minimal funktionsfähige Version des Produkts oder der Dienstleistung zu erstellen. Dies bedeutet nicht, dass das Produkt perfekt sein muss; vielmehr sollte es die grundlegenden Funktionen demonstrieren, die den Nutzern einen klaren Mehrwert bieten. In der Erotikbranche könnte dies beispielsweise ein einfaches Modell eines neuen Spielzeugs oder eine Testversion einer App sein. Die Hauptziele sind es, das Konzept greifbar zu machen und erste Reaktionen zu sammeln.

Nach der Erstellung des Prototyps folgt die Phase des Markttests. Hierbei ist es wichtig, eine repräsentative Gruppe von Nutzern auszuwählen, um sicherzustellen, dass das Feedback vielfältig und aussagekräftig ist. Um effektive Ergebnisse zu erzielen, sollten Unternehmer gezielte Fragen stellen und spezifische Aspekte des Produkts bewerten lassen. Dazu gehören unter anderem Benutzerfreundlichkeit, Design und Preis-Leistungs-Verhältnis.

- Feedback-Methoden: Umfragen und Interviews können wertvolle Einblicke liefern.
- A/B-Tests: Verschiedene Versionen eines Produkts können parallel getestet werden.
- Soziale Medien: Plattformen wie Instagram oder Facebook eignen sich hervorragend für schnelle Umfragen oder Abstimmungen.

Die gesammelten Daten aus diesen Tests sind unerlässlich für die Weiterentwicklung des Produkts. Sie ermöglichen es den Unternehmern nicht nur, Schwächen zu identifizieren und Anpassungen vorzunehmen, sondern auch Stärken hervorzuheben und diese in Marketingstrategien einzubinden. Letztlich trägt dieser iterative Prozess dazu bei, ein marktfähiges Produkt zu entwickeln, das den Bedürfnissen der Zielgruppe entspricht und somit die Erfolgschancen auf dem Markt erheblich erhöht.

9.3 Feedback einholen und anpassen

Das Einholen von Feedback ist ein essenzieller Bestandteil der Produktentwicklung, insbesondere in einem sich schnell verändernden Markt wie der Erotikbranche. Es ermöglicht Unternehmern, die Bedürfnisse und Wünsche ihrer Zielgruppe besser zu verstehen und ihre Produkte entsprechend anzupassen. Der iterative Prozess des Feedbacks und der Anpassung trägt dazu bei, dass das Endprodukt nicht nur funktional, sondern auch ansprechend für die Nutzer ist.

Ein effektiver Weg, um qualitatives Feedback zu sammeln, besteht darin, verschiedene Methoden zu kombinieren. Neben klassischen Umfragen können persönliche Interviews oder Fokusgruppen wertvolle Einblicke bieten. Diese Formate ermöglichen es den Teilnehmern, ihre Meinungen ausführlicher darzulegen und spezifische Aspekte des Produkts zu diskutieren. In der Erotikbranche kann dies besonders wichtig sein, da die Themen oft sensibel sind und eine offene Diskussion fördern müssen.

Darüber hinaus sollten Unternehmen bereit sein, auf das erhaltene Feedback flexibel zu reagieren. Dies bedeutet nicht nur, Schwächen im Produktdesign oder in der Funktionalität zu identifizieren, sondern auch Stärken auszubauen. Beispielsweise könnte ein Prototyp eines neuen erotischen Spielzeugs positive Rückmeldungen hinsichtlich seiner Benutzerfreundlichkeit erhalten; diese Erkenntnis sollte dann in die Marketingstrategie integriert werden, um potenzielle Käufer anzusprechen.

A/B-Tests sind eine weitere wertvolle Methode zur Optimierung von Produkten basierend auf Nutzerfeedback. Durch das gleichzeitige Testen verschiedener Versionen eines Produkts können Unternehmen herausfinden, welche Merkmale bei den Nutzern besser ankommen. Diese datengetriebenen Entscheidungen helfen dabei, Ressourcen effizienter einzusetzen und sicherzustellen, dass das finale Produkt den Erwartungen der Zielgruppe entspricht.

Zusammenfassend lässt sich sagen, dass das Einholen von Feedback und die anschließende Anpassung des Produkts entscheidend für den Erfolg einer Geschäftsidee sind. Indem Unternehmer aktiv auf die Meinungen ihrer Kunden eingehen und bereit sind, Veränderungen vorzunehmen, erhöhen sie nicht nur die Zufriedenheit ihrer Nutzer sondern auch ihre Chancen auf dem Markt erheblich.

10
Netzwerken innerhalb der Branche

10.1 Wichtige Kontakte knüpfen

Das Knüpfen wichtiger Kontakte ist ein entscheidender Schritt für jeden, der in der Erotikbranche erfolgreich sein möchte. In einer Branche, die oft von Stigmatisierung und Missverständnissen geprägt ist, können starke Netzwerke den Unterschied zwischen Erfolg und Misserfolg ausmachen. Die Fähigkeit, Beziehungen zu anderen Fachleuten aufzubauen und zu pflegen, eröffnet nicht nur neue Geschäftsmöglichkeiten, sondern fördert auch den Austausch von Wissen und Erfahrungen.

Ein effektiver Weg, um wertvolle Kontakte zu knüpfen, besteht darin, an Branchenevents teilzunehmen. Messen, Konferenzen und Workshops bieten eine hervorragende Plattform, um Gleichgesinnte zu treffen und potenzielle Partner kennenzulernen. Hier können Sie nicht nur Ihr Netzwerk erweitern, sondern auch aktuelle Trends und Entwicklungen in der Branche beobachten. Es ist wichtig, sich aktiv einzubringen – sei es durch das Stellen von Fragen oder das Teilen eigener Erfahrungen.

Darüber hinaus spielt die Online-Präsenz eine wesentliche Rolle im Networking-Prozess. Soziale Medien wie LinkedIn oder spezialisierte Foren bieten Möglichkeiten zur Vernetzung mit anderen Fachleuten aus der Erotikbranche. Durch das Teilen von Inhalten oder das Kommentieren von Beiträgen können Sie Ihre Expertise unter Beweis stellen und auf sich aufmerksam machen. Ein gut gepflegtes Profil kann dazu beitragen, dass andere Sie als wertvollen Kontakt wahrnehmen.

Ein weiterer Aspekt des Netzwerkens ist die Pflege bestehender Kontakte. Es reicht nicht aus, einmalige Begegnungen zu haben; regelmäßiger Austausch ist entscheidend für den langfristigen Erfolg. Senden Sie gelegentlich Nachrichten an Ihre Kontakte oder laden Sie sie zu informellen Treffen ein. Solche Gesten zeigen Ihr Interesse an einer nachhaltigen Beziehung und können Ihnen helfen, in Zukunft Unterstützung oder Kooperationen zu erhalten.

Zusammenfassend lässt sich sagen, dass das Knüpfen wichtiger Kontakte in der Erotikbranche sowohl strategisches Denken als auch persönliche Initiative erfordert. Indem Sie aktiv nach Gelegenheiten suchen und bereit sind, Zeit in den Aufbau Ihres Netzwerks zu investieren, legen Sie den Grundstein für zukünftigen Erfolg.

10.2 Branchenveranstaltungen nutzen

Branchenveranstaltungen sind ein unverzichtbares Werkzeug für Fachleute in der Erotikbranche, um wertvolle Kontakte zu knüpfen und sich über aktuelle Trends zu informieren. Diese Events bieten nicht nur die Möglichkeit, Gleichgesinnte zu treffen, sondern auch das eigene Wissen zu erweitern und neue Geschäftsmöglichkeiten zu erkunden. Die Teilnahme an Messen, Konferenzen und Workshops kann entscheidend sein, um sich in einem oft missverstandenen Umfeld sichtbar zu machen.

Ein zentraler Vorteil von Branchenveranstaltungen ist die Gelegenheit zum persönlichen Austausch. In einer Zeit, in der digitale Kommunikation dominiert, bleibt der persönliche Kontakt von unschätzbarem Wert. Gespräche von Angesicht zu Angesicht ermöglichen es, Beziehungen schneller aufzubauen und Vertrauen zu schaffen. Zudem können Sie durch direkte Interaktionen Feedback erhalten und Ihre Ideen sofort diskutieren.

Darüber hinaus sind viele Veranstaltungen mit Vorträgen und Podiumsdiskussionen verbunden, die Experten aus verschiedenen Bereichen zusammenbringen. Diese Formate bieten nicht nur Einblicke in innovative Ansätze und Technologien, sondern auch die Möglichkeit, Fragen direkt an Fachleute zu stellen. Das aktive Mitwirken an solchen Diskussionen kann Ihre Sichtbarkeit erhöhen und Ihnen helfen, als Meinungsführer wahrgenommen zu werden.

Um den maximalen Nutzen aus diesen Veranstaltungen zu ziehen, sollten Sie im Voraus planen. Recherchieren Sie die Teilnehmerliste und identifizieren Sie Schlüsselpersonen oder Unternehmen, mit denen Sie gerne ins Gespräch kommen möchten. Bereiten Sie eine kurze Vorstellung Ihrer Person sowie Ihrer Ziele vor – dies erleichtert den Einstieg in Gespräche erheblich.

Zusätzlich ist es ratsam, nach der Veranstaltung den Kontakt aufrechtzuerhalten. Senden Sie Dankesnachrichten oder vernetzen Sie sich über soziale Medien wie LinkedIn. Solche Gesten zeigen Ihr Interesse an einer langfristigen Beziehung und können zukünftige Kooperationen fördern.

Zusammenfassend lässt sich sagen, dass Branchenveranstaltungen eine hervorragende Plattform bieten, um Netzwerke auszubauen und sich aktiv in der Erotikbranche einzubringen. Durch strategische Planung und aktives Engagement können diese Events entscheidend zur Karriereentwicklung beitragen.

10.3 Kooperationen eingehen

Kooperationen sind ein entscheidender Bestandteil des Erfolgs in der Erotikbranche. Sie ermöglichen es Unternehmen, Ressourcen zu bündeln, Synergien zu schaffen und innovative Lösungen zu entwickeln. In einem Umfeld, das oft von Stigmatisierung und Missverständnissen geprägt ist, können strategische Partnerschaften dazu beitragen, die Sichtbarkeit und Glaubwürdigkeit eines Unternehmens erheblich zu steigern.

Ein wichtiger Aspekt bei der Eingehung von Kooperationen ist die Identifikation geeigneter Partner. Dies können andere Unternehmen innerhalb der Branche sein, aber auch Organisationen aus angrenzenden Bereichen wie Marketingagenturen oder Technologieanbietern. Die Wahl des richtigen Partners sollte auf gemeinsamen Werten, Zielen und einer komplementären Expertise basieren. Eine sorgfältige Analyse der potenziellen Partner kann helfen, langfristige und fruchtbare Beziehungen aufzubauen.

Die Form der Kooperation kann variieren: Von gemeinsamen Marketingaktionen über Produktentwicklungen bis hin zu Wissensaustausch-Programmen gibt es zahlreiche Möglichkeiten. Ein Beispiel könnte eine gemeinsame Veranstaltung sein, bei der beide Partner ihre Produkte präsentieren und voneinander profitieren können. Solche Initiativen fördern nicht nur den Austausch von Ideen, sondern stärken auch das Netzwerk beider Parteien.

Ein weiterer Vorteil von Kooperationen liegt in der Risikominderung. Durch die Zusammenarbeit mit anderen Unternehmen können Investitionen geteilt werden, was insbesondere für kleinere Akteure in der Branche von Bedeutung ist. Zudem ermöglicht eine Kooperation den Zugang zu neuen Märkten und Zielgruppen, was das Wachstumspotenzial erheblich steigert.

Um den Erfolg einer Kooperation sicherzustellen, ist es wichtig, klare Ziele und Erwartungen festzulegen sowie regelmäßige Kommunikation zu pflegen. Transparente Absprachen über Verantwortlichkeiten und Ergebnisse sind unerlässlich für eine vertrauensvolle Zusammenarbeit. Darüber hinaus sollten Erfolge gemeinsam gefeiert werden; dies stärkt die Beziehung zwischen den Partnern und motiviert zur weiteren Zusammenarbeit.

Zusammenfassend lässt sich sagen, dass Kooperationen in der Erotikbranche nicht nur Chancen zur Geschäftsentwicklung bieten, sondern auch dazu beitragen können, das Image der Branche insgesamt positiv zu beeinflussen. Durch strategische Allianzen können Unternehmen ihre Reichweite erhöhen und sich als ernstzunehmende Akteure im Markt positionieren.

11
Online-Präsenz aufbauen

11.1 Erstellung einer professionellen Website

Die Erstellung einer professionellen Website ist ein entscheidender Schritt für jeden, der in der Erotikbranche erfolgreich sein möchte. Eine gut gestaltete Website fungiert nicht nur als digitale Visitenkarte, sondern auch als zentrale Plattform für Marketing und Kundeninteraktion. In einer Branche, die oft mit Vorurteilen behaftet ist, ist es besonders wichtig, einen seriösen und ansprechenden Online-Auftritt zu schaffen.

Ein wesentlicher Aspekt bei der Gestaltung einer solchen Website ist das Design. Es sollte sowohl ästhetisch ansprechend als auch benutzerfreundlich sein. Die Farbwahl, Schriftarten und Bilder müssen sorgfältig ausgewählt werden, um eine Atmosphäre zu schaffen, die Vertrauen erweckt und gleichzeitig die Zielgruppe anspricht. Beispielsweise können sanfte Farben und elegante Schriftarten eine entspannende Stimmung erzeugen, während kräftige Farben mehr Energie ausstrahlen können.

Darüber hinaus spielt die Benutzererfahrung (UX) eine zentrale Rolle. Die Navigation sollte intuitiv gestaltet sein, sodass Besucher schnell finden, wonach sie suchen. Eine klare Struktur mit übersichtlichen Menüs und gut platzierten Call-to-Action-Buttons kann dazu beitragen, dass Nutzer länger auf der Seite bleiben und eher bereit sind, Käufe zu tätigen oder Dienstleistungen in Anspruch zu nehmen.

- **Inhalt:** Der Inhalt muss informativ und ansprechend sein. Hochwertige Texte sowie professionelle Bilder oder Videos sind unerlässlich.
- **SEO-Optimierung:** Um in Suchmaschinen sichtbar zu sein, sollten relevante Keywords strategisch platziert werden.
- **Sicherheit:** Besonders in der Erotikbranche ist es wichtig, dass die Website sicher ist. SSL-Zertifikate schützen die Daten der Nutzer.

Zusätzlich sollte man sich über rechtliche Rahmenbedingungen im Klaren sein. Datenschutzbestimmungen müssen eingehalten werden, insbesondere wenn persönliche Daten von Nutzern gesammelt werden. Ein Impressum sowie eine Datenschutzerklärung sind gesetzlich vorgeschrieben und tragen zur Glaubwürdigkeit bei.

Abschließend lässt sich sagen, dass eine professionelle Website nicht nur das Gesicht eines Unternehmens darstellt, sondern auch ein entscheidendes Werkzeug für den Erfolg in der Erotikbranche ist. Durch sorgfältige Planung und Umsetzung kann man sich von Mitbewerbern abheben und langfristige Kundenbeziehungen aufbauen.

11.2 SEO-Optimierung für Sichtbarkeit

Die Suchmaschinenoptimierung (SEO) ist ein unverzichtbarer Bestandteil jeder Online-Marketing-Strategie, insbesondere in der Erotikbranche, wo die Konkurrenz groß und die Zielgruppe spezifisch ist. Eine effektive SEO-Optimierung erhöht nicht nur die Sichtbarkeit einer Website in den Suchmaschinenergebnissen, sondern trägt auch dazu bei, qualifizierte Besucher anzuziehen, die an den angebotenen Dienstleistungen oder Produkten interessiert sind.

Ein zentraler Aspekt der SEO-Optimierung ist die Keyword-Recherche. Hierbei sollten relevante Begriffe identifiziert werden, die potenzielle Kunden verwenden könnten, um nach Inhalten zu suchen, die mit Ihrer Website in Verbindung stehen. Tools wie der Google Keyword Planner oder Ubersuggest können dabei helfen, das Suchvolumen und den Wettbewerb für bestimmte Keywords zu analysieren. Es ist wichtig, sowohl allgemeine als auch spezifische Keywords zu berücksichtigen; während allgemeine Begriffe ein breiteres Publikum ansprechen können, ziehen spezifische Long-Tail-Keywords oft gezieltere Nutzer an.

Die On-Page-Optimierung spielt ebenfalls eine entscheidende Rolle. Dazu gehört die strategische Platzierung von Keywords in wichtigen Bereichen wie dem Titel-Tag, den Überschriften (H1-H6), Meta-Beschreibungen und im Fließtext selbst. Darüber hinaus sollte darauf geachtet werden, dass Bilder mit Alt-Tags versehen sind und interne sowie externe Links sinnvoll eingesetzt werden. Diese Maßnahmen verbessern nicht nur das Ranking in Suchmaschinen, sondern erhöhen auch die Benutzerfreundlichkeit der Website.

Ein weiterer wichtiger Faktor ist die technische SEO. Die Ladegeschwindigkeit der Seite muss optimiert werden; langsame Seiten führen häufig zu hohen Absprungraten. Zudem sollte sichergestellt werden, dass die Website mobilfreundlich ist – immer mehr Nutzer greifen über mobile Endgeräte auf Inhalte zu. Ein responsives Design verbessert nicht nur das Nutzererlebnis, sondern wird auch von Google positiv bewertet.

Abschließend lässt sich sagen, dass eine umfassende SEO-Strategie entscheidend für den Erfolg einer Website in der Erotikbranche ist. Durch kontinuierliche Anpassungen und Analysen kann man sicherstellen, dass man stets im Einklang mit den sich ändernden Algorithmen der Suchmaschinen bleibt und somit langfristig Sichtbarkeit und Reichweite erzielt.

11.3 Nutzung von E-Mail-Marketing

E-Mail-Marketing ist ein kraftvolles Werkzeug, das Unternehmen dabei unterstützt, direkt mit ihrer Zielgruppe zu kommunizieren und eine langfristige Kundenbindung aufzubauen. In der heutigen digitalen Welt, in der soziale Medien und andere Kommunikationskanäle dominieren, bleibt E-Mail-Marketing eine der effektivsten Methoden zur Generierung von Leads und zur Steigerung des Umsatzes.

Ein zentraler Vorteil des E-Mail-Marketings ist die Möglichkeit, personalisierte Inhalte zu versenden. Durch die Segmentierung Ihrer E-Mail-Liste können Sie gezielte Kampagnen erstellen, die auf die spezifischen Interessen und Bedürfnisse Ihrer Abonnenten abgestimmt sind. Dies erhöht nicht nur die Öffnungs- und Klickraten, sondern fördert auch das Engagement der Nutzer mit Ihren Inhalten. Beispielsweise könnten Sie spezielle Angebote für treue Kunden oder personalisierte Empfehlungen basierend auf vorherigen Käufen versenden.

Ein weiterer wichtiger Aspekt ist die Automatisierung von E-Mail-Kampagnen. Tools wie Mailchimp oder HubSpot ermöglichen es Ihnen, automatisierte Workflows einzurichten, die bestimmte Aktionen auslösen – etwa das Versenden einer Willkommens-E-Mail an neue Abonnenten oder Erinnerungen an Warenkorbabbrüche. Diese Automatisierung spart Zeit und sorgt dafür, dass Ihre Kommunikation konsistent bleibt.

Darüber hinaus spielt das Design Ihrer E-Mails eine entscheidende Rolle für den Erfolg Ihrer Kampagnen. Ansprechende Layouts und klare Call-to-Actions (CTAs) sind unerlässlich, um die Aufmerksamkeit der Leser zu gewinnen und sie zum Handeln zu bewegen. A/B-Tests können helfen herauszufinden, welche Designs oder Betreffzeilen am besten funktionieren.

Abschließend lässt sich sagen, dass E-Mail-Marketing nicht nur kosteneffizient ist, sondern auch eine hohe Rendite bietet. Durch strategische Planung und kontinuierliche Optimierung Ihrer Kampagnen können Sie sicherstellen, dass Ihre Botschaften bei den richtigen Personen ankommen und somit den Erfolg Ihres Unternehmens nachhaltig fördern.

12
Kundenservice im erotischen Geschäft

12.1 Bedeutung des Kundenservices

Der Kundenservice spielt eine entscheidende Rolle in der Erotikbranche, da er nicht nur die Kundenzufriedenheit beeinflusst, sondern auch das Image und den langfristigen Erfolg eines Unternehmens prägt. In einer Branche, die oft mit Stigmatisierung und Vorurteilen konfrontiert ist, kann ein herausragender Kundenservice dazu beitragen, Vertrauen aufzubauen und eine loyale Kundenbasis zu schaffen.

Ein effektiver Kundenservice geht über die bloße Beantwortung von Fragen oder das Lösen von Problemen hinaus. Er umfasst auch proaktive Maßnahmen zur Verbesserung des Kundenerlebnisses. Dies kann durch personalisierte Empfehlungen geschehen, die auf den individuellen Vorlieben der Kunden basieren. Beispielsweise können Online-Shops für erotische Produkte durch gezielte Marketingstrategien und maßgeschneiderte Angebote sicherstellen, dass sich die Kunden wertgeschätzt fühlen.

Darüber hinaus ist es wichtig, dass Unternehmen in der Erotikbranche ein sicheres Umfeld schaffen, in dem sich die Kunden wohlfühlen können. Dies beinhaltet nicht nur den Schutz ihrer Daten und Privatsphäre, sondern auch eine respektvolle Kommunikation. Ein gut geschulter Kundenservice sollte in der Lage sein, sensibel mit Anfragen umzugehen und dabei stets professionell zu bleiben.

- Vertrauensaufbau: Ein guter Kundenservice fördert das Vertrauen zwischen Kunde und Anbieter.
- Kundenzufriedenheit: Zufriedene Kunden sind eher bereit, wiederzukommen und das Unternehmen weiterzuempfehlen.
- Wettbewerbsvorteil: In einem umkämpften Markt kann exzellenter Service einen entscheidenden Unterschied machen.

Zusätzlich sollten Unternehmen regelmäßig Feedback von ihren Kunden einholen. Dies ermöglicht es ihnen, Schwächen im Service zu identifizieren und kontinuierlich Verbesserungen vorzunehmen. Die Implementierung von Umfragen oder Bewertungsanfragen nach dem Kauf kann wertvolle Einblicke geben und zeigt den Kunden gleichzeitig, dass ihre Meinungen geschätzt werden.

Insgesamt ist der Kundenservice im erotischen Geschäft nicht nur eine Notwendigkeit; er ist ein strategisches Werkzeug zur Förderung des Wachstums und zur Schaffung einer positiven Markenidentität. Durch Investitionen in diesen Bereich können Unternehmen nicht nur ihre Umsätze steigern, sondern auch einen nachhaltigen Einfluss auf die Wahrnehmung der Erotikbranche als Ganzes ausüben.

12.2 Umgang mit sensiblen Anfragen

Der Umgang mit sensiblen Anfragen ist ein zentraler Aspekt des Kundenservices in der Erotikbranche. In einem Umfeld, das oft von Tabus und Vorurteilen geprägt ist, müssen Mitarbeiter besonders geschult werden, um auf die Bedürfnisse und Bedenken der Kunden einfühlsam und professionell zu reagieren. Sensible Anfragen können von persönlichen Anliegen über gesundheitliche Fragen bis hin zu rechtlichen Unsicherheiten reichen. Ein respektvoller und diskreter Umgang mit diesen Themen ist entscheidend für den Aufbau von Vertrauen.

Ein wichtiger Schritt im Umgang mit sensiblen Anfragen besteht darin, eine sichere Kommunikationsumgebung zu schaffen. Dies kann durch die Implementierung anonymer Kontaktmöglichkeiten wie Chat-Funktionen oder E-Mail-Formulare geschehen, die es den Kunden ermöglichen, ihre Anliegen ohne Angst vor Stigmatisierung zu äußern. Darüber hinaus sollten Unternehmen sicherstellen, dass alle Mitarbeiter im Kundenservice regelmäßig Schulungen zur Sensibilisierung für diese Themen erhalten. Solche Schulungen können helfen, Empathie zu fördern und die Fähigkeit zur aktiven Zuhörung zu verbessern.

Ein weiterer Aspekt ist die Verwendung einer klaren und respektvollen Sprache. Es ist wichtig, Fachbegriffe oder medizinische Terminologie zu vermeiden, die möglicherweise nicht allgemein verständlich sind. Stattdessen sollte der Fokus auf einer einfachen und zugänglichen Kommunikation liegen, die den Kunden das Gefühl gibt, ernst genommen zu werden. Beispielsweise könnte ein Mitarbeiter bei einer Anfrage nach einem bestimmten Produkt sagen: „Ich verstehe Ihre Bedenken bezüglich der Sicherheit dieses Produkts; lassen Sie mich Ihnen einige Informationen dazu geben."

Zusätzlich sollten Unternehmen darauf vorbereitet sein, Ressourcen anzubieten oder Empfehlungen auszusprechen, wenn dies angebracht ist. Dies könnte beispielsweise Verweise auf Fachliteratur oder Kontakte zu Beratungsstellen umfassen. Indem sie proaktiv Unterstützung anbieten, zeigen Unternehmen nicht nur ihr Engagement für das Wohl ihrer Kunden, sondern tragen auch zur Entstigmatisierung von Themen bei, die oft als tabu gelten.

Insgesamt erfordert der Umgang mit sensiblen Anfragen in der Erotikbranche sowohl Feingefühl als auch Professionalität. Durch einen respektvollen Ansatz können Unternehmen nicht nur das Vertrauen ihrer Kunden gewinnen, sondern auch eine positive Markenidentität fördern.

12.3 Reklamationen professionell managen

Das professionelle Management von Reklamationen ist ein entscheidender Bestandteil des Kundenservices in der Erotikbranche. In einem sensiblen Umfeld, in dem Produkte oft persönliche und intime Aspekte des Lebens betreffen, ist es unerlässlich, dass Unternehmen auf Beschwerden mit Empathie und Professionalität reagieren. Ein effektives Reklamationsmanagement kann nicht nur zur Kundenzufriedenheit beitragen, sondern auch das Vertrauen in die Marke stärken.

Ein erster Schritt im Umgang mit Reklamationen besteht darin, eine klare und zugängliche Kommunikationslinie zu etablieren. Kunden sollten verschiedene Möglichkeiten haben, ihre Anliegen zu äußern – sei es über Telefon, E-Mail oder soziale Medien. Die Reaktionszeit spielt hierbei eine wesentliche Rolle; schnelle Antworten zeigen den Kunden, dass ihre Anliegen ernst genommen werden. Ein Beispiel könnte sein: „Vielen Dank für Ihre Nachricht! Wir kümmern uns um Ihr Anliegen und melden uns innerhalb von 24 Stunden bei Ihnen."

Darüber hinaus ist es wichtig, die Ursachen von Reklamationen systematisch zu analysieren. Unternehmen sollten regelmäßig Daten zu Beschwerden sammeln und auswerten, um Muster zu erkennen und proaktive Maßnahmen zur Vermeidung ähnlicher Probleme in der Zukunft zu ergreifen. Dies könnte beispielsweise durch Schulungen für Mitarbeiter geschehen oder durch Anpassungen im Produktangebot basierend auf Kundenfeedback.

Ein weiterer Aspekt des professionellen Reklamationsmanagements ist die Möglichkeit der Kompensation. In vielen Fällen kann eine angemessene Entschädigung – sei es durch Rückerstattungen, Rabatte oder Gutscheine – dazu beitragen, die Kundenzufriedenheit wiederherzustellen. Es ist jedoch wichtig, diese Entscheidungen transparent zu kommunizieren und sicherzustellen, dass sie fair und konsistent angewendet werden.

Abschließend lässt sich sagen, dass ein professionelles Management von Reklamationen nicht nur zur Lösung individueller Probleme beiträgt, sondern auch langfristig das Image eines Unternehmens stärkt. Durch einen respektvollen Umgang mit Beschwerden können Unternehmen nicht nur Loyalität fördern, sondern auch wertvolle Einblicke gewinnen, die zur kontinuierlichen Verbesserung ihrer Dienstleistungen führen.

13
Erfolgsmessung und Analyse

13.1 KPIs für die Erotikbranche

Die Erfolgsmessung in der Erotikbranche erfordert spezifische Kennzahlen (KPIs), die auf die einzigartigen Herausforderungen und Chancen dieser Branche zugeschnitten sind. Diese KPIs helfen Unternehmern, ihre Geschäftsstrategien zu optimieren und fundierte Entscheidungen zu treffen, um den finanziellen Erfolg zu maximieren.

Ein zentraler KPI ist der **Umsatz pro Besucher (RPV)**. Dieser Wert gibt an, wie viel Umsatz im Durchschnitt von jedem Besucher einer Website generiert wird. In der Erotikbranche kann dies durch den Verkauf von Produkten oder Dienstleistungen sowie durch Abonnements geschehen. Ein hoher RPV deutet darauf hin, dass die Marketingstrategien effektiv sind und das Angebot gut angenommen wird.

Ein weiterer wichtiger KPI ist die **Kundenbindungsrate**, die misst, wie viele Kunden wiederholt Käufe tätigen. In einem Markt, der oft von kurzfristigen Trends geprägt ist, ist es entscheidend, eine loyale Kundenbasis aufzubauen. Strategien zur Verbesserung der Kundenbindung können personalisierte Angebote oder exklusive Inhalte umfassen.

Zusätzlich sollte die **Conversion-Rate** genau beobachtet werden. Diese Kennzahl zeigt den Prozentsatz der Website-Besucher an, die tatsächlich einen Kauf abschließen oder sich für einen Dienst anmelden. Eine niedrige Conversion-Rate kann auf Probleme in der Benutzererfahrung oder im Marketing hinweisen und erfordert möglicherweise Anpassungen in der Ansprache oder im Design der Plattform.

- **Kundenzufriedenheit:** Umfragen und Feedback-Formulare können wertvolle Einblicke geben.
- **Sichtbarkeit in Suchmaschinen:** Die Platzierung in Suchmaschinen beeinflusst den Traffic erheblich.
- **Kosten pro Akquisition (CPA):** Dieser KPI hilft dabei zu verstehen, wie viel Geld ausgegeben wird, um einen neuen Kunden zu gewinnen.

Schließlich spielt auch das **Nutzerverhalten**, analysiert durch Tools wie Google Analytics, eine entscheidende Rolle bei der Bewertung des Erfolgs in der Erotikbranche. Das Verständnis darüber, welche Inhalte am meisten Engagement erzeugen und woher die Nutzer kommen, ermöglicht es Unternehmen, ihre Strategien gezielt anzupassen und weiterzuentwickeln.

13.2 Tools zur Erfolgskontrolle

Die Erfolgskontrolle ist ein entscheidender Bestandteil jeder Geschäftsstrategie, insbesondere in der dynamischen Erotikbranche. Die Auswahl geeigneter Tools zur Erfolgsmessung ermöglicht es Unternehmen, ihre Leistung zu überwachen und strategische Anpassungen vorzunehmen. Diese Tools helfen nicht nur bei der Analyse von KPIs, sondern bieten auch tiefere Einblicke in das Nutzerverhalten und die Markttrends.

Ein weit verbreitetes Tool zur Erfolgskontrolle ist **Google Analytics**. Es bietet umfassende Daten über den Website-Traffic, einschließlich demografischer Informationen über die Besucher, Verweildauer auf der Seite und Absprungraten. Durch die Analyse dieser Daten können Unternehmen gezielt herausfinden, welche Inhalte am besten ankommen und wo Optimierungsbedarf besteht. Beispielsweise kann eine hohe Absprungrate auf Probleme mit der Benutzererfahrung hinweisen, was eine Überarbeitung des Designs oder der Inhalte erforderlich machen könnte.

Ein weiteres nützliches Tool ist **Hotjar**, das visuelle Einblicke in das Nutzerverhalten bietet. Mit Funktionen wie Heatmaps und Session Recordings können Unternehmen nachvollziehen, wie Besucher mit ihrer Website interagieren. Diese Informationen sind besonders wertvoll für die Identifizierung von Bereichen, die möglicherweise verbessert werden müssen, um die Conversion-Rate zu steigern.

Zudem spielen **Kundenumfragen** eine wichtige Rolle bei der Erfolgsmessung. Tools wie SurveyMonkey oder Typeform ermöglichen es Unternehmen, direktes Feedback von ihren Kunden einzuholen. Solche Umfragen können Aufschluss darüber geben, welche Produkte oder Dienstleistungen geschätzt werden und wo es Verbesserungspotenzial gibt. Die Integration von Kundenfeedback in die Geschäftsstrategie kann langfristig zu einer höheren Kundenzufriedenheit und -bindung führen.

Schließlich sollten auch soziale Medien als Werkzeug zur Erfolgskontrolle betrachtet werden. Plattformen wie Facebook Insights oder Instagram Analytics bieten wertvolle Daten über Engagement-Raten und Reichweite von Inhalten. Diese Informationen helfen dabei zu verstehen, welche Marketingstrategien effektiv sind und wo Anpassungen notwendig sind.

Insgesamt ist die Kombination verschiedener Tools zur Erfolgskontrolle unerlässlich für eine fundierte Entscheidungsfindung in der Erotikbranche. Durch den Einsatz dieser Technologien können Unternehmen nicht nur ihre Leistung messen, sondern auch proaktiv auf Veränderungen im Markt reagieren.

13.3 Anpassung der Strategien basierend auf Daten

Die Anpassung von Geschäftsstrategien auf Basis von Daten ist ein entscheidender Prozess, der Unternehmen in der Erotikbranche dabei hilft, wettbewerbsfähig zu bleiben und sich an die sich ständig ändernden Marktbedingungen anzupassen. Durch die Analyse relevanter Daten können Unternehmen nicht nur ihre aktuellen Strategien bewerten, sondern auch proaktive Maßnahmen ergreifen, um zukünftige Herausforderungen zu meistern.

Ein zentraler Aspekt dieser Anpassung ist die kontinuierliche Überwachung von Leistungskennzahlen (KPIs). Diese Kennzahlen bieten wertvolle Einblicke in den Erfolg verschiedener Marketing- und Verkaufsstrategien. Beispielsweise kann eine plötzliche Veränderung in den Verkaufszahlen eines bestimmten Produkts darauf hinweisen, dass eine Werbekampagne besonders effektiv war oder dass saisonale Trends das Kaufverhalten beeinflussen. Unternehmen sollten daher regelmäßig ihre KPIs überprüfen und bei Bedarf strategische Änderungen vornehmen.

Darüber hinaus spielt das Kundenfeedback eine wesentliche Rolle bei der strategischen Anpassung. Die Integration von Umfragen und Feedback-Tools ermöglicht es Unternehmen, direkt von ihren Kunden zu lernen. Wenn beispielsweise viele Kunden anmerken, dass ein Produkt nicht ihren Erwartungen entspricht oder schwer zu finden ist, sollte dies als Anreiz dienen, entweder das Produktangebot zu überarbeiten oder die Benutzerfreundlichkeit der Website zu verbessern. Solche datengestützten Entscheidungen fördern nicht nur die Kundenzufriedenheit, sondern stärken auch die Markenloyalität.

Ein weiterer wichtiger Faktor ist die Nutzung von Predictive Analytics. Diese Technologie ermöglicht es Unternehmen, zukünftige Trends vorherzusagen und entsprechend zu reagieren. Durch die Analyse historischer Daten können Muster identifiziert werden, die auf bevorstehende Veränderungen im Verbraucherverhalten hinweisen. So könnten Unternehmen beispielsweise erkennen, dass bestimmte Produkte während bestimmter Jahreszeiten beliebter sind und ihre Lagerbestände sowie Marketingstrategien entsprechend anpassen.

Insgesamt zeigt sich, dass datenbasierte Entscheidungen nicht nur zur Optimierung bestehender Strategien beitragen können, sondern auch neue Geschäftsmöglichkeiten eröffnen. Indem Unternehmen flexibel auf Daten reagieren und bereit sind, ihre Ansätze kontinuierlich anzupassen, sichern sie sich einen nachhaltigen Wettbewerbsvorteil in einer dynamischen Branche.

14

Fallstudien erfolgreicher Unternehmen

14.1 Analyse erfolgreicher Geschäftsmodelle

Die Analyse erfolgreicher Geschäftsmodelle in der Erotikbranche ist von entscheidender Bedeutung, um die Dynamik und die Möglichkeiten dieser einzigartigen Industrie zu verstehen. In einer Zeit, in der digitale Plattformen und soziale Medien eine zentrale Rolle im Konsumverhalten spielen, ist es unerlässlich, innovative Ansätze zu identifizieren, die nicht nur finanziellen Erfolg versprechen, sondern auch ethische Standards wahren.

Ein bemerkenswertes Beispiel für ein erfolgreiches Geschäftsmodell ist das des Affiliate-Marketings. Hierbei arbeiten Unternehmen mit Influencern oder Content-Erstellern zusammen, um Produkte oder Dienstleistungen zu bewerben. Diese Partnerschaften ermöglichen es den Marken, ihre Reichweite erheblich zu erweitern und gleichzeitig authentische Empfehlungen zu erhalten. Die Wahl der richtigen Partner ist hierbei entscheidend; sie sollten nicht nur eine große Anhängerschaft haben, sondern auch eine Zielgruppe ansprechen, die sich für erotische Inhalte interessiert.

Ein weiteres vielversprechendes Modell ist der Verkauf von erotischen Produkten über E-Commerce-Plattformen. Unternehmen wie **Lovehoney** haben gezeigt, dass durch gezielte Marketingstrategien und ansprechende Produktpräsentationen ein breites Publikum angesprochen werden kann. Die Integration von Kundenbewertungen und interaktiven Elementen auf den Verkaufsseiten trägt dazu bei, Vertrauen aufzubauen und die Kaufentscheidung zu erleichtern.

- **Dienstleistungen:** Neben physischen Produkten bieten viele Unternehmen auch Dienstleistungen an, wie z.B. Online-Coaching oder Workshops zur sexuellen Aufklärung.
- **Abo-Modelle:** Einige Plattformen nutzen Abo-Modelle für exklusive Inhalte oder Produkte, was eine stetige Einnahmequelle schafft.
- **Kollaborationen:** Kooperationen mit Künstlern oder anderen Marken können neue kreative Wege eröffnen und frische Impulse setzen.

Die rechtlichen Rahmenbedingungen sind ebenfalls ein wichtiger Aspekt bei der Analyse dieser Modelle. Unternehmer müssen sicherstellen, dass sie alle gesetzlichen Vorgaben einhalten und verantwortungsbewusst handeln. Dies fördert nicht nur das Vertrauen der Verbraucher, sondern schützt auch das Unternehmen vor möglichen rechtlichen Konsequenzen.

Insgesamt zeigt die Analyse erfolgreicher Geschäftsmodelle in der Erotikbranche auf, dass Kreativität gepaart mit strategischem Denken entscheidend für den Erfolg ist. Durch das Verständnis aktueller Trends und das Einhalten ethischer Standards können Unternehmer in diesem Bereich florieren.

14.2 Lektionen aus Misserfolgen

Die Analyse von Misserfolgen ist ebenso wichtig wie die Betrachtung erfolgreicher Geschäftsmodelle, insbesondere in der dynamischen Erotikbranche. Unternehmen, die aus ihren Fehlern lernen, sind oft besser gerüstet, um zukünftige Herausforderungen zu meistern und innovative Lösungen zu entwickeln. Diese Lektionen können wertvolle Einblicke bieten und helfen, strategische Entscheidungen zu optimieren.

Ein häufiges Problem in der Branche ist das Versäumnis, die Zielgruppe richtig zu verstehen. Viele Unternehmen haben versucht, Produkte oder Dienstleistungen anzubieten, ohne eine gründliche Marktanalyse durchzuführen. Dies führte oft dazu, dass ihre Angebote nicht den Bedürfnissen oder Wünschen der Verbraucher entsprachen. Ein Beispiel hierfür ist ein Online-Shop für erotische Produkte, der sich auf eine breite Zielgruppe konzentrierte, anstatt spezifische Nischenmärkte anzusprechen. Die Folge war ein Rückgang der Verkaufszahlen und letztlich die Schließung des Unternehmens.

Ein weiterer wichtiger Aspekt ist das Fehlen einer klaren Markenidentität. Unternehmen in der Erotikbranche müssen sich von Mitbewerbern abheben und ein starkes Image aufbauen. Wenn dies nicht gelingt, kann es schwierig sein, Kundenloyalität zu gewinnen. Ein gescheitertes Start-up versuchte beispielsweise, mit einem generischen Ansatz in den Markt einzutreten und scheiterte daran, eine treue Anhängerschaft aufzubauen.

Zusätzlich zeigt sich oft, dass unzureichende rechtliche Kenntnisse fatale Folgen haben können. Einige Unternehmen haben aufgrund mangelnder Compliance mit gesetzlichen Bestimmungen hohe Geldstrafen erhalten oder mussten ihre Geschäfte einstellen. Dies verdeutlicht die Notwendigkeit einer soliden rechtlichen Beratung und eines umfassenden Verständnisses der regulatorischen Rahmenbedingungen.

Schließlich ist auch das Thema Marketing entscheidend: Fehlgeschlagene Kampagnen können nicht nur finanzielle Verluste verursachen, sondern auch das öffentliche Image schädigen. Eine missratene Werbeaktion eines Erotikunternehmens führte beispielsweise zu einem Shitstorm in sozialen Medien und beschädigte nachhaltig dessen Ruf.

Insgesamt zeigen diese Beispiele deutlich: Misserfolge sind keine Endpunkte; sie sind vielmehr Gelegenheiten zum Lernen und zur Verbesserung. Durch die Analyse dieser Erfahrungen können Unternehmer wertvolle Erkenntnisse gewinnen und ihre Strategien entsprechend anpassen.

14.3 Inspiration durch innovative Ansätze

In der heutigen Geschäftswelt ist Innovation der Schlüssel zum Erfolg, insbesondere in dynamischen Branchen wie der Erotikindustrie. Unternehmen, die kreative und unkonventionelle Ansätze verfolgen, können sich nicht nur von ihren Mitbewerbern abheben, sondern auch neue Märkte erschließen und bestehende Kundenbindungen stärken. Innovative Ideen sind oft das Ergebnis eines tiefen Verständnisses für die Bedürfnisse der Zielgruppe sowie einer Bereitschaft, Risiken einzugehen und aus Fehlern zu lernen.

Ein bemerkenswertes Beispiel für einen innovativen Ansatz ist die Nutzung von Technologie zur Verbesserung des Kundenerlebnisses. Unternehmen setzen zunehmend auf Virtual Reality (VR) und Augmented Reality (AR), um interaktive Erlebnisse zu schaffen, die den Kunden in eine neue Dimension des Einkaufens eintauchen lassen. Ein Online-Anbieter von erotischen Produkten hat beispielsweise eine VR-Plattform entwickelt, auf der Nutzer Produkte in einer virtuellen Umgebung ausprobieren können. Dies fördert nicht nur das Engagement, sondern reduziert auch Rücksendungen, da Kunden besser informiert sind.

Ein weiterer inspirierender Ansatz ist die Personalisierung von Produkten und Dienstleistungen. Durch den Einsatz von Datenanalyse können Unternehmen maßgeschneiderte Angebote erstellen, die genau auf die Vorlieben ihrer Kunden abgestimmt sind. Ein Start-up in der Erotikbranche hat erfolgreich ein Abonnement-Modell eingeführt, bei dem Nutzer regelmäßig personalisierte Produktpakete erhalten. Diese Strategie hat nicht nur die Kundenzufriedenheit erhöht, sondern auch eine treue Anhängerschaft geschaffen.

Zusätzlich spielt Nachhaltigkeit eine immer größere Rolle im Innovationsprozess. Verbraucher legen zunehmend Wert auf umweltfreundliche Produkte und ethische Geschäftspraktiken. Unternehmen, die nachhaltige Materialien verwenden oder faire Produktionsbedingungen garantieren können, gewinnen an Ansehen und Vertrauen bei ihren Kunden. Ein Beispiel hierfür ist ein Hersteller von erotischen Spielzeugen aus biologisch abbaubaren Materialien, der sich erfolgreich als umweltbewusste Marke positioniert hat.

Insgesamt zeigt sich: Innovative Ansätze sind entscheidend für den langfristigen Erfolg in der Erotikbranche. Sie ermöglichen es Unternehmen nicht nur, sich anzupassen und zu wachsen, sondern auch aktiv zur Gestaltung neuer Trends beizutragen.

15
Zukunftsausblick auf die Erotikbranche

15.1 Prognosen für kommende Trends

Die Erotikbranche befindet sich in einem ständigen Wandel, der durch technologische Innovationen und gesellschaftliche Veränderungen geprägt ist. In den kommenden Jahren sind mehrere Trends zu erwarten, die sowohl das Konsumverhalten als auch die Geschäftsmodelle innerhalb dieser Branche beeinflussen werden. Diese Entwicklungen bieten nicht nur neue Möglichkeiten für Unternehmer, sondern erfordern auch ein Umdenken in Bezug auf Ethik und Verantwortung.

Ein bedeutender Trend ist die zunehmende Integration von Virtual Reality (VR) und Augmented Reality (AR) in erotische Inhalte. Diese Technologien ermöglichen es Nutzern, immersive Erfahrungen zu machen, die über traditionelle Medien hinausgehen. Anbieter, die diese Technologien frühzeitig adaptieren, könnten sich einen Wettbewerbsvorteil verschaffen und eine neue Zielgruppe ansprechen.

Darüber hinaus wird erwartet, dass personalisierte Inhalte an Bedeutung gewinnen. Mit Hilfe von Künstlicher Intelligenz können Plattformen maßgeschneiderte Empfehlungen basierend auf dem individuellen Nutzerverhalten anbieten. Dies könnte nicht nur die Kundenzufriedenheit erhöhen, sondern auch die Bindung an bestimmte Marken oder Dienstleistungen stärken.

- **Nachhaltigkeit:** Ein wachsendes Bewusstsein für Umweltfragen führt dazu, dass Verbraucher zunehmend nach nachhaltigen Produkten suchen. Unternehmen in der Erotikbranche sollten daher umweltfreundliche Materialien und Produktionsmethoden in Betracht ziehen.
- **Diversity und Inklusion:** Die Nachfrage nach vielfältigen Darstellungen von Sexualität und Geschlechteridentitäten wächst. Marken, die inklusiv agieren und verschiedene Perspektiven repräsentieren, werden wahrscheinlich eine breitere Kundenbasis erreichen.
- **Bildung und Aufklärung:** Es gibt einen steigenden Bedarf an Bildungsinhalten rund um Sexualität. Plattformen, die informative Ressourcen bereitstellen – sei es durch Blogs oder Webinare – können sich als vertrauenswürdige Anlaufstellen etablieren.

Zusammenfassend lässt sich sagen, dass die Erotikbranche vor spannenden Herausforderungen steht. Unternehmer müssen flexibel sein und bereitwillig neue Technologien sowie gesellschaftliche Veränderungen anzunehmen. Diejenigen, die proaktiv auf diese Trends reagieren, haben das Potenzial, nicht nur finanziellen Erfolg zu erzielen, sondern auch einen positiven Einfluss auf das gesellschaftliche Verständnis von Erotik auszuüben.

15.2 Technologische Entwicklungen im Fokus

Die Erotikbranche steht an der Schwelle zu einer technologischen Revolution, die das Nutzererlebnis und die Geschäftsmodelle grundlegend verändern könnte. Die Integration von Technologien wie Künstlicher Intelligenz (KI), Virtual Reality (VR) und Blockchain wird nicht nur die Art und Weise, wie Inhalte konsumiert werden, transformieren, sondern auch neue Standards für Sicherheit und Privatsphäre setzen.

Künstliche Intelligenz spielt eine zentrale Rolle in der Personalisierung von Inhalten. Durch Algorithmen, die das Nutzerverhalten analysieren, können Plattformen maßgeschneiderte Empfehlungen anbieten. Dies führt nicht nur zu einer höheren Kundenzufriedenheit, sondern ermöglicht es den Anbietern auch, gezielte Marketingstrategien zu entwickeln. Ein Beispiel hierfür ist die Verwendung von KI-gestützten Chatbots auf Dating-Plattformen, die Nutzern helfen, passende Partner zu finden oder Fragen zur Sexualität zu beantworten.

Virtual Reality bietet eine immersive Erfahrung, die es Nutzern ermöglicht, in virtuelle Welten einzutauchen und interaktive Erlebnisse zu genießen. Diese Technologie hat das Potenzial, traditionelle Grenzen der Erotik neu zu definieren. Anbieter könnten VR-Inhalte erstellen, die es den Nutzern ermöglichen, Szenarien nach ihren Wünschen zu gestalten und so ein individuelles Erlebnis zu schaffen. Solche Innovationen könnten insbesondere jüngere Zielgruppen ansprechen und neue Umsatzströme generieren.

Ein weiterer bedeutender Aspekt ist der Einsatz von Blockchain-Technologie zur Sicherstellung von Datenschutz und Urheberrechtsschutz. Durch dezentrale Systeme können Künstler ihre Inhalte direkt monetarisieren und gleichzeitig sicherstellen, dass ihre Werke vor unbefugter Nutzung geschützt sind. Dies könnte insbesondere für unabhängige Produzenten in der Erotikbranche von Vorteil sein.

Zusammenfassend lässt sich sagen, dass technologische Entwicklungen nicht nur neue Möglichkeiten für Unternehmen bieten, sondern auch Herausforderungen mit sich bringen. Die Branche muss sich kontinuierlich anpassen und innovative Lösungen finden, um den sich wandelnden Bedürfnissen ihrer Kunden gerecht zu werden. Diejenigen Unternehmen, die diese Technologien frühzeitig integrieren und verantwortungsbewusst nutzen, werden wahrscheinlich einen entscheidenden Wettbewerbsvorteil erlangen.

15.3 Veränderungen im Konsumverhalten

Das Konsumverhalten in der Erotikbranche hat sich in den letzten Jahren erheblich gewandelt, was auf verschiedene gesellschaftliche, technologische und kulturelle Faktoren zurückzuführen ist. Diese Veränderungen sind nicht nur für Anbieter von Bedeutung, sondern auch für die Nutzer selbst, die zunehmend neue Erwartungen an Produkte und Dienstleistungen stellen.

Ein wesentlicher Aspekt dieser Veränderungen ist die zunehmende Akzeptanz von Erotikprodukten in der breiten Gesellschaft. Während früher ein Stigma mit dem Kauf solcher Produkte verbunden war, zeigen aktuelle Umfragen, dass immer mehr Menschen offen über ihre sexuellen Vorlieben sprechen und bereit sind, entsprechende Produkte zu konsumieren. Dies wird durch eine wachsende Anzahl von Plattformen unterstützt, die sich auf Aufklärung und Enttabuisierung konzentrieren.

Darüber hinaus hat die Digitalisierung das Konsumverhalten revolutioniert. Verbraucher haben heute Zugang zu einer Vielzahl von Online-Plattformen, die nicht nur Inhalte anbieten, sondern auch interaktive Erlebnisse ermöglichen. Streaming-Dienste für erotische Inhalte sind populär geworden und bieten Nutzern die Möglichkeit, jederzeit und überall auf ihre Lieblingsinhalte zuzugreifen. Diese Flexibilität hat dazu geführt, dass traditionelle Formen des Konsums – wie der Besuch von Sexshops oder das Ansehen von DVDs – an Bedeutung verlieren.

Ein weiterer wichtiger Trend ist die Personalisierung des Nutzererlebnisses. Dank fortschrittlicher Algorithmen können Plattformen maßgeschneiderte Empfehlungen aussprechen und so das Einkaufserlebnis optimieren. Nutzer erwarten heute eine individuelle Ansprache und Angebote, die ihren spezifischen Bedürfnissen entsprechen. Dies führt dazu, dass Unternehmen verstärkt Datenanalysen nutzen müssen, um relevante Inhalte anzubieten.

Schließlich spielt auch das Bewusstsein für Datenschutz eine entscheidende Rolle im modernen Konsumverhalten. Verbraucher sind zunehmend besorgt über ihre Privatsphäre und suchen nach sicheren Möglichkeiten zur Nutzung erotischer Inhalte. Anbieter müssen daher transparente Datenschutzrichtlinien implementieren und innovative Technologien wie Blockchain einsetzen, um Vertrauen aufzubauen.

Zusammenfassend lässt sich sagen, dass das veränderte Konsumverhalten in der Erotikbranche sowohl Herausforderungen als auch Chancen bietet. Unternehmen müssen flexibel bleiben und sich kontinuierlich anpassen, um den dynamischen Anforderungen ihrer Kunden gerecht zu werden.

16
Persönliche Entwicklung als Unternehmer

16.1 Fähigkeiten, die man entwickeln sollte

Die persönliche Entwicklung als Unternehmer in der Erotikbranche erfordert eine Vielzahl von Fähigkeiten, die über das bloße Wissen um Produkte und Dienstleistungen hinausgehen. In einer sich ständig verändernden digitalen Landschaft ist es entscheidend, sich kontinuierlich weiterzubilden und anzupassen. Diese Fähigkeiten sind nicht nur für den finanziellen Erfolg wichtig, sondern auch für die ethische Verantwortung, die mit dem Geschäft einhergeht.

Eine der zentralen Fähigkeiten ist **Kreativität**. Unternehmer müssen in der Lage sein, innovative Ideen zu entwickeln und diese kreativ umzusetzen. Dies kann durch das Erstellen einzigartiger Inhalte oder durch das Finden neuer Wege zur Ansprache von Zielgruppen geschehen. Kreativität hilft dabei, sich von Mitbewerbern abzuheben und neue Nischen im Markt zu identifizieren.

Ein weiterer wichtiger Aspekt ist **Kommunikationsfähigkeit**. Die Fähigkeit, klar und überzeugend zu kommunizieren, ist unerlässlich – sei es in Marketingkampagnen oder im direkten Kundenkontakt. Unternehmer sollten lernen, ihre Botschaften so zu formulieren, dass sie sowohl informativ als auch ansprechend sind. Dies schließt auch den Umgang mit Feedback ein; konstruktive Kritik kann wertvolle Einblicke bieten und zur Verbesserung des Angebots beitragen.

Zudem spielt **Analytisches Denken** eine entscheidende Rolle. Unternehmer sollten in der Lage sein, Daten zu interpretieren und daraus strategische Entscheidungen abzuleiten. Das Verständnis von Markttrends und Konsumverhalten ermöglicht es ihnen, proaktiv auf Veränderungen zu reagieren und ihre Geschäftsstrategien entsprechend anzupassen.

Schließlich ist **Ethisches Bewusstsein** eine unverzichtbare Fähigkeit in der Erotikbranche. Unternehmer müssen sich ihrer Verantwortung bewusst sein und sicherstellen, dass ihre Praktiken sowohl legal als auch moralisch vertretbar sind. Dies umfasst den respektvollen Umgang mit Kunden sowie die Berücksichtigung gesellschaftlicher Normen.

Insgesamt erfordert die persönliche Entwicklung als Unternehmer in der Erotikbranche ein breites Spektrum an Fähigkeiten. Durch gezielte Weiterbildung und Selbstreflexion können diese Kompetenzen gestärkt werden, was letztendlich zum langfristigen Erfolg führt.

16.2 Mentoring und Weiterbildung

Mentoring und Weiterbildung sind entscheidende Elemente für die persönliche Entwicklung von Unternehmern, insbesondere in der dynamischen Erotikbranche. Diese Bereiche bieten nicht nur die Möglichkeit, Fachwissen zu vertiefen, sondern auch wertvolle Einblicke in bewährte Praktiken und innovative Ansätze zu gewinnen. Durch gezielte Mentoring-Programme können Unternehmer von den Erfahrungen erfahrener Kollegen profitieren und ihre eigenen Fähigkeiten weiterentwickeln.

Ein effektives Mentoring-Programm kann verschiedene Formen annehmen, darunter formelle Partnerschaften oder informelle Netzwerke. In der Erotikbranche ist es besonders wichtig, Mentorinnen und Mentoren zu finden, die ein tiefes Verständnis für die spezifischen Herausforderungen und Chancen des Marktes haben. Diese Beziehungen fördern nicht nur das Lernen, sondern auch den Austausch von Ideen und Strategien zur Bewältigung von Schwierigkeiten.

Darüber hinaus spielt kontinuierliche Weiterbildung eine zentrale Rolle im unternehmerischen Erfolg. Die Teilnahme an Workshops, Seminaren oder Online-Kursen ermöglicht es Unternehmern, sich über aktuelle Trends und Technologien auf dem Laufenden zu halten. In einer Branche, die sich ständig wandelt, ist es unerlässlich, neue Kenntnisse zu erwerben – sei es im Bereich Marketingstrategien oder rechtlicher Rahmenbedingungen.

- **Networking-Möglichkeiten:** Veranstaltungen wie Messen oder Konferenzen bieten Plattformen zum Austausch mit anderen Branchenakteuren.
- **Kurse zur persönlichen Entwicklung:** Programme zur Verbesserung von Soft Skills wie Kommunikation oder Verhandlungstechnik sind besonders wertvoll.
- **Zugang zu Ressourcen:** Viele Weiterbildungsangebote stellen Materialien bereit, die speziell auf die Bedürfnisse der Erotikbranche zugeschnitten sind.

Zusammenfassend lässt sich sagen, dass Mentoring und Weiterbildung nicht nur dazu beitragen, individuelle Fähigkeiten auszubauen, sondern auch das gesamte Geschäftswachstum fördern können. Unternehmer sollten aktiv nach Möglichkeiten suchen, um sich weiterzubilden und von anderen zu lernen. Dies stärkt nicht nur ihre eigene Position im Markt, sondern trägt auch zur Schaffung eines verantwortungsbewussten und innovativen Geschäftsumfelds bei.

16.3 Selbstreflexion und Wachstum

Selbstreflexion ist ein zentraler Bestandteil der persönlichen Entwicklung für Unternehmer, insbesondere in einer sich ständig verändernden Branche wie der Erotikindustrie. Sie ermöglicht es den Unternehmern, ihre eigenen Stärken und Schwächen zu erkennen und gezielt an ihrer Weiterentwicklung zu arbeiten. Durch regelmäßige Selbstreflexion können Unternehmer nicht nur ihre Entscheidungen besser verstehen, sondern auch die Auswirkungen ihres Handelns auf ihr Unternehmen und ihr Umfeld analysieren.

Ein effektives Mittel zur Selbstreflexion ist das Führen eines Tagebuchs oder das regelmäßige Setzen von Zielen. Indem Unternehmer ihre Gedanken und Erfahrungen schriftlich festhalten, schaffen sie eine wertvolle Ressource, auf die sie zurückgreifen können, um Muster in ihrem Verhalten zu erkennen. Diese Praxis fördert nicht nur das persönliche Wachstum, sondern hilft auch dabei, klare Strategien für zukünftige Herausforderungen zu entwickeln.

Darüber hinaus spielt Feedback eine entscheidende Rolle im Prozess der Selbstreflexion. Unternehmer sollten aktiv nach Rückmeldungen von Mitarbeitern, Mentoren oder Geschäftspartnern suchen. Konstruktive Kritik kann neue Perspektiven eröffnen und dazu beitragen, blinde Flecken im eigenen Handeln zu identifizieren. Ein offenes Ohr für die Meinungen anderer fördert nicht nur die persönliche Entwicklung, sondern stärkt auch das Vertrauen innerhalb des Teams.

Wachstum als Unternehmer erfordert zudem die Bereitschaft zur Veränderung. Die Fähigkeit, sich an neue Gegebenheiten anzupassen und aus Fehlern zu lernen, ist essenziell für den langfristigen Erfolg. Unternehmer sollten sich regelmäßig herausfordern und bereit sein, ihre Komfortzone zu verlassen. Dies kann durch die Teilnahme an neuen Projekten oder durch das Erlernen neuer Fähigkeiten geschehen.

Zusammenfassend lässt sich sagen, dass Selbstreflexion ein kraftvolles Werkzeug für persönliches Wachstum darstellt. Sie ermöglicht es Unternehmern nicht nur, sich selbst besser kennenzulernen, sondern auch ihre unternehmerischen Fähigkeiten kontinuierlich zu verbessern. In einer dynamischen Branche wie der Erotikindustrie ist dies unerlässlich für nachhaltigen Erfolg.

17
Community-Building innerhalb der Branche

17.1 Schaffung eines unterstützenden Netzwerks

Die Schaffung eines unterstützenden Netzwerks ist ein entscheidender Schritt für jeden, der in der Erotikbranche erfolgreich sein möchte. In einer Branche, die oft von Stigmatisierung und Missverständnissen geprägt ist, kann ein starkes Netzwerk nicht nur den Zugang zu Ressourcen und Informationen erleichtern, sondern auch emotionale Unterstützung bieten. Ein solches Netzwerk fördert den Austausch von Ideen und Erfahrungen, was besonders wertvoll ist, um innovative Ansätze zu entwickeln und Herausforderungen gemeinsam zu bewältigen.

Ein effektives Netzwerk besteht aus verschiedenen Akteuren: Unternehmern, Kreativen, Influencern sowie Fachleuten aus rechtlichen und ethischen Bereichen. Diese Vielfalt ermöglicht es den Mitgliedern des Netzwerks, voneinander zu lernen und Synergien zu nutzen. Beispielsweise können Gründer von Start-ups in der Erotikbranche von erfahrenen Unternehmern profitieren, die bereits erfolgreich Geschäftsmodelle etabliert haben. Workshops oder Networking-Events bieten eine Plattform für den persönlichen Austausch und das Knüpfen wertvoller Kontakte.

Darüber hinaus spielt die Online-Präsenz eine wesentliche Rolle beim Aufbau eines unterstützenden Netzwerks. Soziale Medien und spezialisierte Foren ermöglichen es Fachleuten der Branche, sich über aktuelle Trends auszutauschen und gegenseitig zu unterstützen. Die Teilnahme an Online-Gruppen oder Communities kann helfen, Gleichgesinnte zu finden und sich über Best Practices auszutauschen. Hierbei ist es wichtig, aktiv beizutragen – sei es durch das Teilen eigener Erfahrungen oder durch das Bereitstellen von Ratschlägen.

Ein weiterer Aspekt des Netzwerkaufbaus ist die Zusammenarbeit mit Organisationen oder Verbänden, die sich für die Rechte von Menschen in der Erotikbranche einsetzen. Diese Institutionen bieten nicht nur rechtliche Unterstützung, sondern auch Schulungen zur Sensibilisierung für ethische Standards innerhalb der Branche. Durch solche Partnerschaften wird nicht nur das eigene Geschäft gestärkt, sondern auch ein Beitrag zur Verbesserung des Branchenimages geleistet.

Insgesamt trägt ein gut strukturiertes Unterstützungsnetzwerk dazu bei, dass Akteure in der Erotikbranche nicht nur finanziellen Erfolg erzielen können, sondern auch verantwortungsbewusst handeln und sich gegenseitig stärken.

17.2 Austausch von Erfahrungen fördern

Der Austausch von Erfahrungen ist ein zentrales Element im Community-Building innerhalb der Erotikbranche. In einer Umgebung, die oft von Vorurteilen und Missverständnissen geprägt ist, kann das Teilen von persönlichen Erlebnissen und Fachwissen nicht nur zur individuellen Entwicklung beitragen, sondern auch das gesamte Branchenumfeld positiv beeinflussen. Durch den offenen Dialog können Akteure voneinander lernen, innovative Lösungen entwickeln und sich gegenseitig unterstützen.

Ein effektiver Austausch findet häufig in Form von Workshops, Seminaren oder informellen Treffen statt. Diese Veranstaltungen bieten eine Plattform für den direkten Kontakt zwischen verschiedenen Akteuren der Branche – sei es zwischen Unternehmern, Künstlern oder Beratern. Hier können spezifische Herausforderungen besprochen werden, wie etwa rechtliche Fragen oder Marketingstrategien. Solche Gelegenheiten fördern nicht nur den Wissensaustausch, sondern stärken auch das Gemeinschaftsgefühl und die Solidarität unter den Teilnehmern.

Darüber hinaus spielen digitale Plattformen eine entscheidende Rolle beim Erfahrungsaustausch. Online-Foren und soziale Medien ermöglichen es Fachleuten der Erotikbranche, ihre Gedanken und Ratschläge zu teilen sowie auf aktuelle Trends zu reagieren. Die Nutzung solcher Kanäle fördert nicht nur die Sichtbarkeit individueller Stimmen, sondern schafft auch einen Raum für Diskussionen über ethische Standards und Best Practices innerhalb der Branche.

- **Mentoring-Programme:** Erfahrene Mitglieder der Branche können als Mentoren fungieren und ihr Wissen an jüngere oder weniger erfahrene Akteure weitergeben.
- **Fallstudien:** Das Teilen konkreter Fallstudien kann anderen helfen, aus realen Beispielen zu lernen und eigene Strategien anzupassen.
- **Kollaborative Projekte:** Gemeinsame Initiativen zwischen verschiedenen Akteuren können neue Perspektiven eröffnen und innovative Ansätze hervorbringen.

Letztlich trägt ein aktiver Austausch von Erfahrungen dazu bei, das Vertrauen innerhalb der Community zu stärken und ein positives Image der Erotikbranche zu fördern. Indem Akteure offen über ihre Herausforderungen sprechen und Lösungen teilen, wird nicht nur die individuelle Resilienz gestärkt, sondern auch die gesamte Branche profitiert von einem kollektiven Wissenszuwachs.

17.3 Veranstaltungen zur Stärkung der Gemeinschaft

Veranstaltungen spielen eine entscheidende Rolle im Community-Building innerhalb der Erotikbranche, da sie Gelegenheiten bieten, persönliche Beziehungen zu knüpfen und ein starkes Netzwerk aufzubauen. Diese Events fördern nicht nur den Austausch von Ideen und Erfahrungen, sondern tragen auch dazu bei, das Vertrauen unter den Akteuren zu stärken und ein positives Image der Branche zu fördern.

Ein Beispiel für solche Veranstaltungen sind Fachmessen und Konferenzen, die speziell auf die Bedürfnisse der Erotikbranche zugeschnitten sind. Hier können Unternehmen ihre Produkte präsentieren, während gleichzeitig Workshops angeboten werden, in denen Experten über aktuelle Trends und Herausforderungen sprechen. Solche Formate ermöglichen es den Teilnehmern, sich aktiv einzubringen und direkt von Branchenführern zu lernen.

Darüber hinaus sind Networking-Events von großer Bedeutung. Diese informellen Zusammenkünfte bieten eine entspannte Atmosphäre, in der sich Akteure austauschen können. Oft entstehen hier neue Kooperationen oder Partnerschaften, die für alle Beteiligten vorteilhaft sind. Ein gutes Beispiel hierfür ist das „Erotic Networking", bei dem Fachleute aus verschiedenen Bereichen zusammenkommen, um Kontakte zu knüpfen und Ideen auszutauschen.

Ein weiterer wichtiger Aspekt sind Schulungen und Weiterbildungsangebote. Durch gezielte Workshops können spezifische Fähigkeiten vermittelt werden – sei es im Bereich Marketingstrategien oder rechtliche Rahmenbedingungen. Solche Veranstaltungen helfen nicht nur dabei, Wissen zu erweitern, sondern stärken auch das Gefühl der Zugehörigkeit zur Gemeinschaft.

- **Community-Treffen:** Regelmäßige Treffen fördern den Austausch zwischen Mitgliedern und schaffen einen Raum für Diskussionen über branchenspezifische Themen.
- **Kreativ-Workshops:** Diese bieten die Möglichkeit zur kreativen Entfaltung und zum gemeinsamen Arbeiten an Projekten.
- **Themenabende:** Veranstaltungen mit speziellen Themen können dazu beitragen, unterschiedliche Perspektiven innerhalb der Branche sichtbar zu machen.

Letztlich tragen gut organisierte Veranstaltungen maßgeblich dazu bei, eine lebendige Community innerhalb der Erotikbranche aufzubauen. Sie schaffen nicht nur Raum für Lernen und Wachstum, sondern fördern auch ein Gefühl von Solidarität und Unterstützung unter den Akteuren.

18
Fazit und Ausblick

18.1 Zusammenfassung wichtiger Erkenntnisse

Die Erotikbranche hat sich in den letzten Jahren zu einem dynamischen und lukrativen Markt entwickelt, der zahlreiche Möglichkeiten für Unternehmer und Kreative bietet. Die zentrale Erkenntnis aus dem Buch "Mit Erotik Geld verdienen" ist, dass die Kombination aus Leidenschaft und Geschäftssinn entscheidend ist, um in dieser Branche erfolgreich zu sein. Es wird deutlich, dass das Verständnis der Zielgruppe sowie die Anpassung an aktuelle Trends unerlässlich sind, um im Wettbewerb bestehen zu können.

Ein weiterer wichtiger Aspekt ist die Diversifizierung der Geschäftsmodelle. Das Buch hebt hervor, dass es nicht nur um den Verkauf von Produkten geht, sondern auch Dienstleistungen wie Coaching oder Online-Kurse eine bedeutende Rolle spielen können. Diese Vielfalt ermöglicht es Unternehmern, verschiedene Einkommensströme zu erschließen und ihre Angebote gezielt auf unterschiedliche Zielgruppen auszurichten.

Die rechtlichen Rahmenbedingungen sind ein weiteres zentrales Thema. Die Leser werden ermutigt, sich intensiv mit den geltenden Gesetzen auseinanderzusetzen, da diese je nach Region stark variieren können. Ein verantwortungsbewusster Umgang mit diesen Vorschriften ist nicht nur notwendig für den rechtlichen Schutz des Unternehmens, sondern auch für die Wahrung der ethischen Standards innerhalb der Branche.

Zusätzlich wird im Buch betont, wie wichtig es ist, eine starke Online-Präsenz aufzubauen. In einer Zeit, in der digitale Plattformen dominieren, müssen Unternehmer lernen, soziale Medien effektiv zu nutzen und ihre Markenidentität klar zu kommunizieren. Dies umfasst sowohl die Erstellung ansprechender Inhalte als auch das Engagement mit der Community.

Abschließend lässt sich sagen, dass "Mit Erotik Geld verdienen" nicht nur praktische Tipps bietet, sondern auch einen tiefen Einblick in die kulturellen und sozialen Dimensionen der Erotikbranche gewährt. Die Leser werden dazu angeregt, ihre eigenen Ideen kreativ umzusetzen und dabei stets ethische Überlegungen im Blick zu behalten. Diese Kombination aus Wissen und Inspiration macht das Buch zu einem wertvollen Leitfaden für alle Interessierten.

18.2 Ermutigung zur Umsetzung eigener Ideen

Die Umsetzung eigener Ideen ist ein entscheidender Schritt für jeden Unternehmer, insbesondere in der dynamischen Erotikbranche. Kreativität und Innovation sind nicht nur wünschenswert, sondern notwendig, um sich von der Konkurrenz abzuheben und eine treue Kundenbasis aufzubauen. Die Ermutigung zur Umsetzung dieser Ideen kann durch verschiedene Strategien gefördert werden, die sowohl persönliche als auch geschäftliche Aspekte berücksichtigen.

Ein zentraler Aspekt ist die Schaffung eines unterstützenden Umfelds. Unternehmer sollten Netzwerke bilden, in denen sie ihre Ideen teilen und Feedback erhalten können. Dies kann durch lokale Meetups, Online-Foren oder soziale Medien geschehen. Der Austausch mit Gleichgesinnten fördert nicht nur die Kreativität, sondern bietet auch wertvolle Einblicke in Markttrends und Kundenbedürfnisse.

Darüber hinaus ist es wichtig, eine Kultur des Experimentierens zu etablieren. Unternehmer sollten ermutigt werden, neue Konzepte auszuprobieren, ohne Angst vor Misserfolgen zu haben. Ein Beispiel hierfür könnte die Einführung eines neuen Produkts oder einer Dienstleistung sein, die zunächst in kleinem Rahmen getestet wird. Solche Pilotprojekte ermöglichen es den Unternehmern, wertvolle Erfahrungen zu sammeln und ihre Angebote basierend auf echtem Kundenfeedback anzupassen.

Ein weiterer wichtiger Punkt ist die kontinuierliche Weiterbildung. Workshops und Seminare bieten nicht nur Wissen über aktuelle Trends und Technologien, sondern auch Inspiration für neue Ideen. Die Teilnahme an solchen Veranstaltungen kann dazu beitragen, das eigene Netzwerk zu erweitern und neue Perspektiven zu gewinnen.

Schließlich spielt auch die Selbstreflexion eine wesentliche Rolle bei der Umsetzung eigener Ideen. Unternehmer sollten regelmäßig innehalten und ihre Ziele sowie Fortschritte überprüfen. Diese Reflexion hilft dabei, den Fokus auf das Wesentliche zu richten und gegebenenfalls Anpassungen vorzunehmen.

Insgesamt zeigt sich, dass die Ermutigung zur Umsetzung eigener Ideen ein vielschichtiger Prozess ist, der sowohl kreative als auch strategische Elemente umfasst. Durch ein unterstützendes Umfeld, Experimentierfreude sowie kontinuierliche Weiterbildung können Unternehmer in der Erotikbranche erfolgreich innovative Konzepte entwickeln und umsetzen.

18.3 Letzte Gedanken zu ethischem Unternehmertum

Das Konzept des ethischen Unternehmertums gewinnt zunehmend an Bedeutung, insbesondere in einer Zeit, in der Verbraucher und Gesellschaften mehr denn je auf die sozialen und ökologischen Auswirkungen von Unternehmen achten. Ethisches Unternehmertum geht über den reinen Gewinn hinaus; es umfasst Verantwortung, Transparenz und das Streben nach einem positiven Einfluss auf die Gemeinschaft.

Ein zentraler Aspekt des ethischen Unternehmertums ist die Integration von Werten in die Unternehmensstrategie. Unternehmer sollten sich fragen, wie ihre Entscheidungen nicht nur den finanziellen Erfolg beeinflussen, sondern auch das Wohl ihrer Mitarbeiter, Kunden und der Umwelt fördern können. Dies kann durch nachhaltige Praktiken erreicht werden, wie beispielsweise die Verwendung umweltfreundlicher Materialien oder faire Arbeitsbedingungen für alle Beschäftigten.

Darüber hinaus spielt die Kommunikation eine entscheidende Rolle. Unternehmen müssen offen über ihre Praktiken und Werte kommunizieren. Eine transparente Kommunikation schafft Vertrauen bei den Kunden und fördert langfristige Beziehungen. Beispielsweise könnten Unternehmen regelmäßig Berichte über ihre sozialen Initiativen veröffentlichen oder aktiv mit ihren Kunden über soziale Medien interagieren, um Feedback zu erhalten und Verbesserungen vorzunehmen.

Ein weiterer wichtiger Punkt ist die Förderung einer inklusiven Unternehmenskultur. Ethisches Unternehmertum erfordert Diversität und Chancengleichheit innerhalb des Unternehmens. Durch Schulungsprogramme zur Sensibilisierung für Vorurteile oder durch Mentoring-Programme können Unternehmen sicherstellen, dass alle Stimmen gehört werden und jeder Mitarbeiter wertgeschätzt wird.

- Abschließend lässt sich sagen, dass ethisches Unternehmertum nicht nur ein Trend ist, sondern eine Notwendigkeit für nachhaltigen Erfolg im 21.
- Jahrhundert darstellt. Unternehmer sind gefordert, innovative Lösungen zu finden, die sowohl wirtschaftliche als auch gesellschaftliche Herausforderungen adressieren. Indem sie Verantwortung übernehmen und aktiv zur Verbesserung ihrer Gemeinschaften beitragen, können sie nicht nur ihr eigenes Geschäft voranbringen, sondern auch einen bedeutenden Beitrag zur Schaffung einer besseren Welt leisten.

Referenzen:

- Müller, T. (2021). Zielgruppenanalyse in der Erotikbranche. Verlag für Medienforschung.
- Schmidt, A. (2020). Marketingstrategien für Nischenmärkte. Springer Verlag.
- Klein, R. (2019). Psychografie und Konsumverhalten: Eine Analyse. Journal für Markt- und Sozialforschung.
- Weber, L. (2022). Digitale Trends im Erotiksektor. Fachzeitschrift für digitale Medien.
- Müller, T. (2021). Die Zukunft der Erotikbranche: Trends und Entwicklungen. Verlag für Sozialforschung.
- Schmidt, A. (2020). Digitalisierung und Konsumverhalten: Eine Analyse der Erotikindustrie. Journal für Medienforschung.
- Klein, R. (2019). Datenschutz in der digitalen Welt: Herausforderungen für die Erotikbranche. Datenschutz & Datensicherheit.
- Weber, L. (2022). Enttabuisierung von Sexualität: Ein gesellschaftlicher Wandel. Soziologische Studien.
- Müller, T. (2022). Innovation in der Erotikindustrie: Trends und Technologien. Verlag für Wirtschaft.
- Klein, R. (2023). Virtual Reality im Einzelhandel: Chancen und Herausforderungen. Digitale Medien.
- Schmidt, A. (2021). Nachhaltigkeit in der Erotikindustrie: Herausforderungen und Chancen. Journal für Umweltbewusstsein.
- Müller, B. (2020). Ökologische Materialien in der Erotikbranche. Zeitschrift für nachhaltige Entwicklung.
- Klein, C. (2019). Digitale Transformation und ihre Auswirkungen auf die Erotikindustrie. Fachmagazin für digitale Medien.
- Fischer, D. (2022). Soziale Verantwortung in der Erotikbranche: Ein Leitfaden für Unternehmen. Buchverlag für Ethik.
- Chaffey, D. (2021). Digital Marketing: Strategy, Implementation and Practice.

Das Buch "Mit Erotik Geld verdienen" beleuchtet die vielfältigen Möglichkeiten, die die Erotikbranche in der heutigen digitalen Welt bietet, um finanziellen Erfolg zu erzielen. Es richtet sich an Unternehmer und Kreative, die ihre Leidenschaft für Erotik in ein profitables Geschäft verwandeln möchten. Ein zentrales Thema des Buches ist die Analyse aktueller Trends und Statistiken in der Erotikbranche, wobei das veränderte Konsumverhalten und vielversprechende Nischen hervorgehoben werden.

Das Buch stellt verschiedene Geschäftsmodelle vor, darunter Affiliate-Marketing, den Verkauf erotischer Produkte sowie Dienstleistungen. Jedes Kapitel bietet praktische Tipps und Strategien zur Umsetzung dieser Konzepte. Ein weiterer wichtiger Aspekt sind die rechtlichen Rahmenbedingungen und ethischen Überlegungen, die bei der Arbeit in der Branche berücksichtigt werden müssen. Experten kommen zu Wort und geben wertvolle Ratschläge, um sicherzustellen, dass Leser nicht nur finanziellen Erfolg haben, sondern auch verantwortungsbewusst handeln.

Die Kombination aus theoretischem Wissen und praktischen Anleitungen macht dieses Werk zu einem unverzichtbaren Leitfaden für alle Interessierten. Das Buch inspiriert dazu, eigene Ideen zu entwickeln und zeigt auf, wie man diese in ein florierendes Geschäft umsetzen kann. "Mit Erotik Geld verdienen" eröffnet neue Perspektiven und Chancen für diejenigen, die in der Erotikbranche erfolgreich sein möchten.